SOMMAIRE

Préface 7
Introduction 9

PREMIÈRE PARTIE 13

Conseils et principes généraux 15
Avant tout une prise de conscience 15
Comment adapter les séances 17
Prendre tout son temps 19
Bien choisir le moment 19
Réussite et échec 20
Le vocabulaire 21
Les résultats 22
Musique ou pas? 22
Existe-t-il des contre-indications? 23
Préparation personnelle de l'enseignant 24

Conseils d'ordre pratique 26
Le lieu 26
Fréquence des séances 26
Durée des séances 27
La voix 28
La tenue 29

Les possibilités de formation 30

DEUXIÈME PARTIE 33

Les mouvements instinctifs de détente 35

Les séances 38
Première séance : le laisser-faire 38
Jeu du laisser-faire 40
Le « Bof » 40
Monter à l'échelle 41
Prise de conscience des points de contact sur le dos 42
Prise de conscience de la respiration 43

Deuxième séance : libérer ses tensions 45
Le lancer de feuilles 46
Étirement contrôlé 47
Détente des jambes 48
Abandon des bras et des jambes 48
La reprise 49

Troisième séance : massons-nous 51
Détente des mains et des poignets 52
Massage des trapèzes deux par deux 53
Le sphinx 53
Prise de conscience des points de contact sur le ventre 55

Quatrième séance : contrôle de la passivité 57
Contrôle de la passivité des bras et des jambes 58

Détente de la tête et de la nuque 59
Le pantin 60

Cinquième séance :
abandon volontaire à la pesanteur 62
Montée contrôlée des épaules 63
Abandon simultané des bras et des jambes 65

Sixième séance :
première dissociation 67
Montée contrôlée des bras 67
Dissociation droite-gauche de la chute des bras et des jambes 68

Septième séance :
le trajet 71
L'enfant boudeur 72
Le trajet 73

Huitième séance :
le plongeon 75
Le plongeon 76
Dissociation croisée de l'abandon des bras et des jambes 77

Neuvième séance :
la verticalité 79
Recherche de la verticalité 80
Mouvements passifs des bras 82

Dixième séance :
les cercles 85
Chute alternée des épaules 86
Chute alternée des bras 87
Les cercles symétriques 87
Mouvements passifs des jambes 89

Onzième séance :
la relaxation, assis 91
Recherche de la meilleure position sur une chaise 92
Sensation des points de contact, assis 92
Abandon des bras, assis 93
Abandon des épaules, assis 93
Automassage des trapèzes 94
Les ronds de tête 94
Sensation de la respiration, assis 95
Mouvements passifs du bassin et du tronc 97

Douzième séance :
le double pendule 99
Le double pendule 100
Mouvements passifs de la tête 102

Treizième séance :
le « Do in » du visage 105
« Do in » du visage ou automassage 106
Les différentes respirations 108

Quatorzième séance :
« Gymnastique » du visage 111
Ronds d'épaules simultanés 112
Les ronds de tête 113
Dissociation : un cercle et un huit avec les bras 114
« Gymnastique » du visage 116

Quinzième séance :
visage et respiration 118
Ronds d'épaules dissociés 119
Ronds d'épaules simultanés associés aux ronds de tête 120
Visage et respiration 121

Pour aller plus loin... 122
Conclusion 125
Bibliographie 127

Que nous le voulions ou non,
nous avons dans le monde une influence bonne ou mauvaise,
du seul fait de notre état intérieur,
rayonnant autour de nous la paix, l'énergie, la joie, la bonté,
si nous les possédons;
ou inversement, le trouble, le découragement, la tristesse,
la malveillance.

Roger Vittoz

On n'a rien compris tant qu'on n'a pas
expérimenté par soi-même; les mots restent
sans valeur s'ils ne suscitent pas, par une
expérience personnelle, un ÉTAT D'ÊTRE DIFFÉRENT.

Maurice Martenot

Mes plus vifs remerciements
à tous mes collègues enseignants,
rééducateurs de l'Éducation nationale
qui, par leurs tentatives, leurs expériences, leurs recherches,
m'ont encouragé à réaliser ce travail
afin d'élargir notre champ d'action
dans l'intérêt de nos enfants,
de leurs maîtres et de notre école.

à L.

PRÉFACE

La relaxation active à l'école, *voilà un titre qui semblera paradoxal aux lecteurs pour qui relaxation signifie détente, repos, inaction.*
Mais ce paradoxe n'est qu'apparent et la liste est longue des grands noms de la relaxation qui nous ont appris que l'eutonie, c'est-à-dire l'état juste intermédiaire entre l'hypotonie et l'hypertonie, nécessitait d'abord une capacité de se mobiliser psychiquement contre les agressions dont la répétition de plus en plus serrée dans nos civilisations appelle une réponse qui peut prendre l'allure de l'agitation maniaque ou de l'abattement dépressif.

En Europe, les inventeurs des techniques utilisées par cette mobilisation ont été pour leur grande majorité des médecins dont l'intention était de guérir. Fort heureusement Samy Boski a rencontré Maurice Martenot qui a d'abord cherché les moyens par lesquels un musicien pouvait le mieux mettre son corps au service de son instrument. Cette recherche l'a conduit à faire du mieux-être un objectif autonome pouvant se réinvestir dans d'autres activités productrices : une sorte d'introversion non égotiste permet une approche extravertie et enrichissante du monde objectif.
Or les enfants sont en permanence contaminés par ce qu'on pourrait appeler la maladie de la civilisation. Les sollicitations pressantes dont ils sont l'objet d'une manière kaléidoscopique les conduisent à réagir, dans la plupart des cas, par une agitation permanente, une instabilité psychomotrice qui en font inévitablement de mauvais élèves. Pour peu que le maître soit tenté de répondre à l'agitation par l'agitation, la classe se transforme aisément en véritable marché persan où la pédagogie ne reconnaît plus les siens.
Le danger est à ce point généralisé que les enseignants se communiquent

des recettes « pour reprendre la classe en main » : le chant qui ramène le calme, la gymnastique sur place..., le petit exercice écrit inopiné, etc.

Si ces recettes sont efficaces, leur effet demeure éphémère si elles ne sont pas conçues dans un ensemble... En effet ce type d'emprise sur la classe ressortit au modèle didactique : le maître propose-impose à ses élèves, l'objectif étant de « leur en imposer ». Ce qui nous est ici proposé, c'est au contraire de faire travailler la relaxation conjointement aux élèves et à leur maître, ce qui du même coup rejoint la plus impérative des règles pédagogiques : il s'agit toujours de créer des structures de développement personnel communes aux enseignants et aux enseignés. Mais si le maître n'a d'avance nulle part sur ses élèves, alors il n'est plus le maître. D'où le premier conseil donné par Samy Boski aux enseignants désireux de tenter la belle aventure de la relaxation : Il est impossible d'envisager l'enseignement de la relaxation active aux enfants avant d'avoir au préalable longuement « travaillé » et expérimenté sur soi-même et pour soi-même les exercices proposés.

Mais ce qui nous est ici expliqué n'est pas pour autant le catéchisme dogmatique d'un théoricien de la relaxation. Ses conseils et principes généraux *sentent l'homme de terrain, l'instituteur chevronné qui a vécu les expériences qu'il décrit et qui apporte à la formation des instituteurs des méthodes et des démarches qu'il a personnellement testées et qu'il regroupe dans ses* conseils d'ordre pratique.

Les mêmes qualités de clarté et de méticulosité se retrouvent dans l'exposé des séances. Les maîtres peuvent donc y trouver le manuel de leur propre relaxation; à ceux qui seraient tentés d'opposer cet objectif et ces moyens à l'éducation physique et sportive, il est sans doute bon de rappeler que les entraîneurs de champions les ont depuis longtemps introduits dans leur formation. Du même coup se trouvent résolus les problèmes d'horaires et d'emploi du temps. De quelque spécialité que l'intervention extérieure à l'école enrichisse la pédagogie, le mieux est encore que le maître soit capable de s'en faire lui-même l'introducteur. Ainsi pourra-t-il l'adapter aux besoins particuliers de l'école et des enfants qui la fréquentent. Ce petit livre, séduisant et pratique, contribue efficacement à tisser dans la classe une relation dynamique tout entière tournée vers la maîtrise des choses en passant par la maîtrise de soi. Ainsi la polyvalence requise par la formation de l'élève peut-elle trouver dans la relaxation un recours réunificateur.

Lucien Brunelle

INTRODUCTION

La relaxation active que nous proposent Maurice Martenot et Christine Saïto dans leur ouvrage *Se relaxer : Pourquoi? Comment?* [1] n'ambitionne pas de soigner et encore moins de guérir : elle se distingue en cela des autres méthodes de relaxation à caractère thérapeutique (Schultz, Jacobson, Sapir, Lemaire, Bergès...). Elle vise essentiellement à nous donner les moyens d'une conquête : celle d'une meilleure « qualité d'être », d'un meilleur « art de vivre », « d'un temps de vie avec meilleur goût ». Elle s'adresse donc à tout le monde. Du moins à tous ceux qui aspirent et cherchent à améliorer leur vie quotidienne.
Mais cette conquête n'est pas toujours facile : elle exige un travail sur soi quasi quotidien. Il ne s'agit pourtant pas d'un travail dans le sens habituel du terme : on « travaille » la relaxation comme le potier « travaille » sa terre ou comme le sculpteur « travaille » son modèle : avec patience, avec persévérance, avec amour, remettant chaque jour l'ouvrage sur le métier. *« Ma technique,* dit Eva Ruchpaul, *n'est pas un préalable, je lui voue une affection, une tendresse énorme, comme à ma mère, comme à ma fille* [2]. »

Aussi n'est-ce pas tout à fait un hasard si la relaxation active est l'œuvre d'un artiste : Maurice Martenot était un grand musicien, professeur au Conservatoire national de musique de Paris, inventeur des « ondes Martenot ». Il se plaisait souvent à nous répéter

1. M. Martenot et Ch. Saïto, *Se relaxer : Pourquoi? Comment?*, Albin Michel, 1977.
2. Eva Ruchpaul et Anne Philipe, *La demeure du silence*, Gallimard, 1975.

qu'on ne pouvait espérer un résultat artistique valable si notre instrument humain (notre corps et notre esprit) n'était pas en état de parfaite disponibilité.

Cet état est-il encore possible aujourd'hui?

Dans notre société informatique, audiovisuelle, technologique, nous poursuivons contre le temps une course qui nous épuise et dont l'issue nous échappe complètement. La peur d'être dépassé, « débranché », comme on dit aujourd'hui, s'installe sournoisement dans les têtes, provoquant les stress souvent dénoncés mais fatalement inévitables de la vie moderne. Comment s'étonner alors que des adultes de plus en plus nombreux, prenant conscience du cercle infernal dans lequel ils se sentent enfermés, cherchent des moyens d'en sortir? La relaxation active peut être un de ces moyens.

Grâce à des exercices simples, associés souvent à une respiration naturelle, elle nous entraîne progressivement à une perception de plus en plus fine de notre état musculaire et nerveux et à relâcher nos tensions. Peu à peu elle nous amène à prendre de nouvelles habitudes de détente dans notre vie familiale et professionnelle : d'où une grande économie de fatigue, un meilleur sommeil, un plus juste équilibre et une plus grande disponibilité. Qui n'a pu constater, en effet, à quel point une détente physique bien conduite pouvait influencer favorablement notre état psychique et nerveux? C'est sur ce constat que repose tout le travail de relaxation active : apprendre à prendre conscience de ses tensions musculaires, même les plus imperceptibles, et *apprendre* à les relâcher pour obtenir un plus grand calme mental.

Et les enfants? Faut-il attendre qu'ils deviennent des adultes fatigués, déprimés, avant de leur apprendre à se détendre correctement, à mieux se connaître, à prendre de bonnes habitudes de relâchement, à ne pas se laisser enfermer dans le cercle infernal de la vie moderne? D'ailleurs, ne sont-ils pas déjà les victimes d'une société qui les agresse en permanence par le bruit, par les médias audiovisuels, par une publicité qui les harcèle de façon ininterrompue dans la rue, à la télévision et au cinéma? Une société qui privilégie outrageusement ce qui relève de l'« avoir » au détriment de la façon d'« être ». Quel parent, quel enseignant ne se plaint aujourd'hui de l'état d'excitation permanent des enfants, de leur incapacité à fixer leur attention et de leur instabilité?

En adaptant la relaxation active aux enfants, objet de cet ouvrage, notre désir est d'apporter une aide :
– d'une part aux enseignants qui, en travaillant d'abord sur eux-mêmes, obtiendront des résultats inestimables tant sur le plan personnel que professionnel;
– d'autre part aux enfants, qui trouveront dans les exercices proposés des moyens de mieux se connaître et d'apaiser leur agitation nerveuse;
– enfin au groupe-classe formé par les élèves et le maître entre lesquels se construira inévitablement, à travers ce travail, une relation positive.
Quand on connaît, grâce à quelques expériences qui existent déjà, tous les avantages obtenus à la suite d'un travail de relaxation active avec la classe, les maîtres et les maîtresses ne devraient plus hésiter à s'engager. La séance de relaxation devrait s'inscrire naturellement dans l'emploi du temps, au même titre que n'importe quelle autre discipline.

En effet, ceux qui ont pu l'expérimenter sont unanimes pour constater :
– une amélioration sensible des qualités d'écoute, d'attention et de disponibilité des élèves, favorisant notamment l'efficacité du travail scolaire;
– un notable affinement de la perception du schéma corporel, visible en particulier à travers les dessins qui suivent les séances;
– une remarquable amélioration de la relation maître-élèves grâce sans doute à la prise en compte par l'enseignant de la totalité de la personne de l'enfant;
– un renforcement de la cohésion du groupe classe, améliorant de façon très nette la convivialité à l'intérieur de la classe.

Mais attention : avant de vous « lancer » dans ce travail (qui peut, si vous le voulez, ressembler à une magnifique aventure), nous vous recommandons de lire et de relire très attentivement les conseils qui précèdent la première séance. Imprégnez-vous avant tout de l'état d'esprit avec lequel aborder la relaxation active pour vous-même et pour les enfants.

PREMIÈRE PARTIE

CONSEILS ET PRINCIPES GÉNÉRAUX

La relaxation active : avant tout une prise de conscience

Si on accorde à l'instant de l'action, même et surtout si elle est tout à fait insignifiante, la charge de conscience qu'on lui doit, la saveur (du geste ou de l'événement) va se révéler, de n'importe quelle manière [1].

L'efficacité de la relaxation active réside incontestablement dans la prise de conscience des sensations provoquées par un mouvement ou bien éprouvées lors des séquences d'immobilité. Hors de cette prise de conscience, souvent verbalisée après la séance, on ne peut espérer des progrès et des résultats. C'est en ce sens que la relaxation est dite *active,* car même dans l'immobilité, même dans la passivité, le sujet qui se relaxe est constamment sollicité au niveau de la prise de conscience de ses sensations. Il s'agit d'une attention sans tension portée sur soi, d'une activité mentale qui n'a strictement rien à voir avec un effort intellectuel. Celui-ci, justement, doit être proscrit car il agit souvent comme un écran et empêche de sentir. Ce qui est demandé au sujet qui se relaxe, ce n'est pas de réfléchir mais d'être attentif à ce qu'il ressent.

---

1. Eva Ruchpaul et Anne Philipe, *La demeure du silence,* Gallimard, 1975.

Il arrive parfois que des enfants (ou des adultes), placés dans une situation de passivité musculaire, soient tentés de « s'évader » de leur corps et de « partir » dans des rêveries ou dans le sommeil. Sans vouloir condamner ces « évasions » (utiles et parfois nécessaires dans certaines circonstances), il est recommandé dans la pratique de la relaxation active de proposer aux participants de ramener sans cesse leur attention sur leurs sensations dans l'instant présent. Au sujet de ces « évasions » et du sommeil, ouvrons une parenthèse : lors des séquences qui se déroulent dans l'immobilité (allongé ou assis) nous donnons ce conseil aux participants : « Si vous avez des pensées ou des images qui vous viennent dans la tête, ne cherchez surtout pas à les chasser, acceptez-les, laissez-les vous traverser l'esprit et, dès que possible, revenez à la sensation que vous avez de votre corps sur le sol, ou à la sensation de votre respiration... De la même façon, si vous sentez que vous glissez dans le sommeil, ne résistez surtout pas, laissez-vous aller dans le sommeil, cela n'a pas d'importance. »

Ce conseil, bien qu'apparemment paradoxal avec ce qui précède, s'avère d'une très grande importance. En effet, il faut savoir que tout effort pour chasser des images ou des pensées de sa tête, ou pour résister au sommeil, crée des tensions. Or, notre objectif consiste à essayer de les faire tomber. Pour cela, la meilleure attitude est celle du non-refus et de la non-résistance qui s'acquiert progressivement par l'entraînement et la pratique régulière de la relaxation active. Ainsi les « évasions » et le sommeil surviendront de moins en moins souvent jusqu'à disparaître au moment des séquences dans l'immobilité, au bénéfice d'une prise de conscience de plus en plus développée.

Fermons la parenthèse pour signaler que la prise de conscience d'un geste, d'une sensation, d'un événement est toujours riche de découvertes sur soi et sur l'environnement. Par opposition, l'acte mécanique, automatique, ne révèle rien, car par définition il est inconscient. La pratique de la relaxation active conduit progressivement les enfants et les adultes à être de plus en plus conscients de leurs actes et de leurs sensations et à agir de moins en moins comme des automates. Rien d'étonnant à ce qu'elle développe, en particulier chez les enfants, une faculté d'attention tout à fait exceptionnelle, comme le prouvent les expériences tentées dans les classes. Ainsi, la relaxation active constitue une *véritable éducation de l'attention.*

Comment adapter les séances

Les séances de relaxation active proposées dans cet ouvrage s'adressent, bien sûr, aux élèves, mais elles ont été conçues de telle façon qu'elles puissent aussi être utilisées pour l'entraînement des enseignants (voir *Préparation personnelle des enseignants*).
Appliquées aux élèves elles doivent être adaptées en fonction de leur âge, en fonction des conditions locales particulières; enfin, en fonction du tempérament du maître ou de la maîtresse.

L'âge des élèves
On tiendra le plus grand compte de l'âge des enfants en ce qui concerne la durée des séances, la durée des moments d'immobilité, le vocabulaire utilisé (voir les paragraphes traitant ces points particuliers). Avec les tout jeunes enfants (4-6 ans) les exercices doivent prendre avant tout un caractère ludique où le plaisir de mouvoir son corps tiendra la plus grande place. Plus on avance dans l'âge des enfants, plus la demande d'attention à soi-même, d'écoute de ses sensations grandira. Les expériences pratiquées avec des élèves de CM2 témoignent d'une qualité d'attention et de concentration tout à fait étonnante et exceptionnelle.

Les conditions locales
On peut déplorer que la plupart de nos écoles soient mal ou pas du tout équipées pour des pratiques corporelles telles que la relaxation active. Aussi avons-nous pu constater que certains enseignants bénéficiaient de salles aménagées (moquette, rideaux) ou d'un gymnase équipé et agréable, alors que d'autres se trouvaient contraints à pousser les tables dans la classe pour obtenir un espace à peu près convenable. En fonction des conditions particulières à chaque école, il appartiendra aux enseignants et aux enfants de faire preuve de beaucoup d'ingéniosité tout en revendiquant des conditions meilleures. Le souci de la recherche d'un meilleur confort ne nous

paraît pas superflu mais nécessaire pour permettre aux enfants de développer au mieux leurs capacités.

Le tempérament de l'enseignant

Chaque enseignant a sa personnalité; il serait dommage qu'à l'occasion de la pratique de la relaxation active il s'efforçât d'imiter ou de ressembler à un animateur idéalisé. Il est important qu'il reste lui-même et qu'il adapte les séances proposées en fonction de son tempérament, de ses goûts, de son intuition. *Plus qu'à la lettre, c'est à l'esprit de la méthode qu'il faut nous attacher.* Sans doute les exercices doivent-ils être exécutés avec la plus grande précision possible, tels qu'ils sont décrits, faute de quoi ils n'atteindraient pas leur but, mais le plus important, nous semble-t-il, c'est le changement d'état obtenu au cours et après la séance de relaxation. D'une façon générale, chaque exercice vise le relâchement et la détente d'un muscle ou d'un groupe musculaire (par exemple, les trapèzes ou les muscles faciaux). Cette détente musculaire se répercute inévitablement, d'une manière plus ou moins importante, sur l'état général du sujet (état physiologique ou psychique).

Cette amorce de modification de l'état général dépend à la fois du sujet mais aussi du choix de l'exercice et des conditions d'exécution de celui-ci. Ainsi s'apercevra-t-on que le même exercice s'avère plus efficace pour telle personne que pour telle autre. De la même façon, un exercice qui se sera montré peu concluant la première fois pourra s'avérer très efficace après la deuxième, la troisième ou la dixième fois qu'on l'effectuera. De là, l'importance des « reprises » fréquentes des exercices connus à chaque séance. *Ce n'est jamais pareil, car nous sommes à chaque fois différents* (E. Ruchpaul). Notre état intérieur est en perpétuel mouvement. Il n'existe donc en réalité aucune hiérarchie dans les exercices, chacun d'eux est important et mérite tout notre intérêt, à défaut de notre goût personnel. Tout au plus existe-t-il entre eux une différence dans la difficulté d'exécution, mais là encore tout est relatif et dépend des sujets. Plus importantes, peut-être, apparaissent les *conditions* d'exécution d'un exercice, suivant qu'on prendra tout son temps ou pas; qu'on travaillera dans un endroit calme ou pas; qu'on se placera dans un certain état d'esprit (par exemple recherche ou non d'un résultat immédiat, intellectualisation de l'exercice...).

S'il est recommandé à l'enseignant de travailler en fonction de son tempérament, il reste qu'il peut, grâce à sa préparation et à son travail personnels, agir sur son état intérieur pour le modifier et espérer un plus grand calme, une plus grande disponibilité, une meilleure qualité d'être, dont tout son entourage profitera, et en premier lieu ses élèves.

Prendre tout son temps

Rien n'est plus opposé à l'esprit de la relaxation que la précipitation. C'est pourquoi, lorsqu'on travaille pour soi ou lorsqu'on anime un groupe d'enfants, il est particulièrement souhaitable de « prendre tout son temps » pour exécuter un exercice ou conduire une séance. Il est, en tout cas, préférable de réduire le nombre d'exercices ou la durée de la séance si l'on sent qu'on n'a pas le temps de faire tout ce qui était prévu, plutôt que « bâcler le travail ». Il est important de travailler avec le sentiment que rien ne presse, qu'on a tout son temps, que *la qualité doit toujours primer la quantité.* Ce qui n'a pu être fait aujourd'hui sera repris demain avec le temps nécessaire. Et c'est ainsi que l'on découvre, paradoxalement, « qu'en prenant tout son temps », loin d'en perdre, on en gagne. Il suffit de l'expérimenter pour s'apercevoir que ce paradoxe n'est qu'apparent.

Bien choisir le moment

Précisons tout de suite que la séance de relaxation active ne saurait être assimilée à ou confondue avec un « retour au calme » ou à une « reprise en main »; gardons-nous de cette tentation! Comme nous l'avons déjà souligné, la relaxation est avant tout une prise de conscience de sa propre détente; hors de cette prise de conscience il ne peut être question de relaxation, mais seulement de repos, de détente, de retour au calme, de rêverie, de sommeil... La prise de conscience de son état, de sa détente, exige un minimum de disponibilité. Celle-ci disparaît totalement lorsque nous sommes énervés, surexcités, surmenés ou profondément angoissés. On n'attendra donc pas que la fatigue et l'agitation se soient installées chez les enfants pour leur proposer une séance de relaxation. Celle-ci risquerait fort d'échouer. C'est pourquoi nous conseillons de pratiquer la relaxation de préférence le matin, lorsque subsiste encore ce minimum de disponibilité nécessaire à la prise de conscience. Du même coup, on peut espérer que la journée se déroulera dans un climat de détente et de calme plus grand et donc plus propice au travail scolaire. Ainsi la séance de relaxation active jouera-t-elle pleinement son rôle de prévention face à l'agitation et à la fatigue des enfants et des adultes. Cependant, là encore, excluons tout esprit systématique et laissons à chacun la possibilité de choisir le meilleur moment pour la séance, conscient qu'au-delà d'un seuil de nervosité et de fatigue la relaxation devient impossible.

Réussite et échec

L'échec n'existe pas dans la pratique de la relaxation active. En effet, quelles que soient les sensations éprouvées, celles-ci restent toujours strictement personnelles. Comme nous l'avons déjà souligné, elles varient souvent d'une personne à l'autre. Elles ne peuvent et ne doivent donc en aucun cas être soumises à un jugement de valeur. Ce que chacun ressent ne peut être ni bien, ni mal, mais doit être respecté.

Chaque personne évolue à son rythme et en fonction de ses possibilités. L'attitude de l'animateur doit toujours être bienveillante, encourageante, confiante, jamais portée à juger.

Dans cet esprit, il n'y a donc jamais lieu de craindre un échec : chacun fait ce qu'il peut, comme il peut et c'est toujours « réussi ».

Cette attitude, tout à fait essentielle dans ce travail, est propice à trouver ou à retrouver la confiance en soi.

D'autre part, le sentiment de réussite, de satisfaction, est toujours ressenti par rapport à soi-même et non en comparaison avec ce que ressentent les autres.

Mais ce qui apparaît clairement au long des séances, c'est l'amélioration technique dans l'exécution des exercices. A la période de « déchiffrement » (plus ou moins longue) succède l'acquisition d'une parfaite maîtrise technique des exercices qui nous procurent alors leurs « bénéfices » optimaux.

Le vocabulaire

Dans la pratique de la relaxation active, les mots sont très importants et jouent plusieurs rôles : tantôt ils désignent des parties du corps (par exemple les omoplates), tantôt des fonctions (la respiration), tantôt ils induisent le calme (« prenez votre temps »). Avec les enfants, il va de soi que le vocabulaire doit être adapté en fonction de leur âge. Simultanément la pratique de la relaxation active développe et enrichit leur vocabulaire corporel et gestuel.

Adapter le vocabulaire

Dans les séances que nous proposons, nous nous sommes efforcés d'utiliser le vocabulaire le plus juste possible mais pas forcément le plus accessible à tous les âges auxquels elles sont destinées. Il appartient à chaque enseignant d'adapter ce vocabulaire à ses élèves. La règle consiste à s'assurer que tous les enfants connaissent les mots utilisés : que ceux-ci désignent une partie du corps, un mouvement, une fonction ou un état. Ainsi, par exemple, si nous demandons aux enfants, allongés sur le dos, de sentir le contact de leurs omoplates avec le sol, il faut être assuré que tous situent bien leurs omoplates et comprennent le sens du mot « contact ». Dans le doute, il est souhaitable, en début de séance, de montrer, de toucher, d'expliquer, de démontrer afin qu'aucune confusion ne s'installe dans la tête des enfants. Pour les plus jeunes (4-6 ans) on pourra recourir fréquemment à des images et plus particulièrement à la poupée de chiffon, à la marionnette... Il est important que le vocabulaire et la forme du langage utilisés par l'enseignant ne constituent jamais un obstacle à la compréhension de l'exercice.

Enrichissement du vocabulaire

Tous les enfants qui ont eu l'occasion de pratiquer la relaxation active ont enrichi leur vocabulaire de façon spectaculaire et durable. Au cours des premières séances, nous conseillons d'utiliser des expressions et des mots simples, familiers; puis progressivement de remplacer ces mots et ces expressions par des termes plus précis et plus justes. Ainsi, par exemple, à l'expression commune « avoir mal aux reins » on substituera, au bout d'un certain temps, l'expression plus juste « avoir des douleurs lombaires ». La sollicitation permanente à la prise de conscience des sensations dans toutes les parties du corps facilite et renforce l'appropriation et l'intégration de ce vocabulaire plus précis et plus juste. Très rapidement (et même avec les enfants de 4 et 5 ans!) nous constatons par exemple que le sternum, les lombaires, le thorax... deviennent des mots aussi familiers que le nez, la bouche ou les mains, parce que parfaitement localisés et sentis au niveau de leur corps lors des séances de relaxation. Peu à peu, et grâce à la grande variété des exercices, le vocabulaire corporel et gestuel s'enrichit en profondeur, favorisant indiscutablement un bon développement du schéma corporel des enfants. La preuve nous en est fournie par l'évolution caractéristique des dessins réalisés par les enfants après les séances [1].

Les résultats

Lorsqu'on travaille la relaxation active il ne faut pas rechercher de « résultats ». En effet, la recherche d'un « effet » ou d'un « résultat » crée en soi une tension et c'est justement ce qu'on souhaite éviter. Il faut donc faire les exercices en n'étant attentif (sans tension) qu'aux seules sensations, et constater.
Les « résultats », les « bénéfices » apparaissent en leur temps, souvent d'ailleurs à notre insu, pas forcément aussitôt après la séance mais à des moments parfois inattendus.

Musique ou pas?

La musique, dit-on, adoucit les mœurs. C'est sans doute pourquoi le commerce nous propose aujourd'hui une très grande variété de cassettes musicales pour mieux se relaxer. Paradoxalement, la relaxation active élaborée par Maurice Martenot, musicien de

1. Il est tout à fait recommandé d'utiliser des planches d'anatomie du corps humain pour permettre aux enfants de visualiser les différentes parties du corps. Signalons l'ouvrage récent de Blandine Calais-Germain, *Anatomie pour le mouvement* (B.P. 43, 11190 Couiza).

renommée internationale, n'utilise pas la musique! L'explication en est simple : si la musique adoucit les mœurs, elle induit aussi la rêverie, l'évasion de son corps, suggère souvent des images (positives ou négatives) qui peuvent, comme nous l'avons déjà souligné, rendre service dans certaines circonstances. Dans le cas de la relaxation active notre désir n'est pas l'absence mais la présence dans notre corps, la présence dans nos sensations, ici et maintenant, avec le souci d'un éveil de plus en plus intense de notre état de conscience. C'est en effet le contraire de la rêverie et de la porte ouverte à l'imagination telles que les suggèrent les musiques dites de relaxation. Notre expérience peut témoigner que la présence de la voix d'un animateur s'avère toujours plus efficace dans le processus de relaxation que la musique. Mais, là encore, refusons toute attitude dogmatique et laissons à chacun la possibilité d'expérimenter par lui-même.

En ce qui nous concerne, plutôt que d'utiliser la musique pour la relaxation, nous préférons mettre la relaxation au service de la musique. Expérimenter une écoute musicale à la suite d'une séance de relaxation vous en convaincra aisément.

Existe-t-il des contre-indications à la relaxation active?

Répétons que la relaxation active n'est pas une relaxation thérapeutique. Elle est l'œuvre d'un musicien et non d'un médecin. Si nous considérons que toutes les personnes qui fréquentent l'école sont en bonne santé (ce que la législation exige), alors il ne peut exister de contre-indication à la relaxation active à l'école.

Cependant, nous rencontrons parfois des « cas » d'enfants dits « difficiles ». Il s'agit de ces enfants qui ont toujours « la bougeotte », incapables de « rester en place », qui manifestent une instabilité psychomotrice évidente, ou au contraire de ces enfants « trop sages » qui ont toujours peur de bouger, repliés sur eux-mêmes, exprimant une certaine forme d'inhibition. Avec ces « cas »-là, on peut s'attendre dans un premier temps à un refus ou à un rejet de la relaxation active, car pour les uns comme pour les autres, elle

apparaîtra trop difficile. Il n'est pas question de les obliger à se relaxer. Ce serait tout à fait contraire à l'esprit de la relaxation active qui nécessite un minimum d'adhésion personnelle.
Dans un premier temps on proposera à ces enfants-là d'assister à la séance et de regarder les camarades travailler, avec une seule exigence : ne pas les déranger. Dans un second temps on leur suggérera d'effectuer les seuls exercices qu'ils souhaitent et d'observer les autres. Normalement ils devraient progressivement s'intégrer au groupe et participer de plus en plus largement à la séance, prenant conscience que la relaxation répond à leurs besoins. Nous avons souvent constaté d'ailleurs que les enfants qui nous semblent en avoir le plus besoin sont ceux qui résistent le plus à la relaxation, du moins au début. Cela s'explique, entre autres raisons, par le fait que ces enfants, plus que les autres, éprouvent de grandes difficultés à modifier leurs habitudes d'agitation ou d'inhibition, consécutives à une mauvaise image qu'ils ont d'eux-mêmes et à un manque de confiance en soi. La relaxation peut les aider à surmonter ces problèmes, à condition, toutefois, qu'ils y adhèrent.
Si, malgré nos précautions et notre patience, le refus ou le rejet persistaient, il ne servirait à rien d'insister, la gravité de certains problèmes n'étant plus du ressort de l'école.
Il serait tout à fait sage alors de remettre à plus tard d'autres tentatives. Ces « cas » particuliers ne sauraient occulter le fait que la quasi-totalité des écoliers découvriront dans la pratique de la relaxation active une source de plaisir et de mieux-être.

Préparation personnelle de l'enseignant

Il est impensable d'envisager l'enseignement de la relaxation active aux enfants avant d'avoir au préalable longuement « travaillé » et expérimenté sur soi et pour soi les exercices proposés.
Ce travail consiste en une pratique quotidienne, en un « training », comme disent les Anglais, à l'image du « training autogène » de Schultz. Pratique à laquelle il est indispensable de consacrer entre quinze et vingt minutes par jour.

Au début cela peut paraître difficile car notre corps, qui n'est plus accoutumé à se détendre, à « laisser faire », oppose une forte résistance à l'idée de ne rien faire, de ne plus faire d'effort. Tous les (faux?) prétextes sont bons pour « fuir » la séance quotidienne.
Surmonter ces prétextes et faire sa séance quotidienne, c'est le seul acte de volonté, l'unique effort exigés au départ. Après quoi, au cours de la séance, il sera continuellement proposé de « faire l'effort de ne pas faire d'effort ».
La répétition quotidienne des exercices, sans laquelle on ne peut espérer de changement réel et profond, constitue sans doute une autre difficulté, mais aussi toute la richesse de la pratique de la relaxation active. A ceux qui craignent que cette répétition ne devienne fastidieuse, Eva Ruchpaul répond très justement :
Ce qui est extrêmement fascinant, c'est la possibilité de l'exercice de soi dans ses formules toujours les mêmes, où la même optique demeure, et qui finalement sont à chaque fois différentes, parce que nous sommes différents... C'est une confrontation avec la durée, un dialogue avec la continuité.
En fait, cette indispensable pratique quotidienne poursuit un double objectif :
– acquérir une parfaite maîtrise technique des exercices afin d'être en mesure de les « montrer » ou de les « démontrer » aux enfants qui procéderont le plus souvent par imitation (on concevrait mal de confier à un analphabète le soin d'apprendre à lire à des enfants);
– pouvoir sentir sur soi, passé la période de déchiffrement, tous les « effets » produits par un exercice. Ce qui ne sous-entend pas que les mêmes « effets » seront ressentis obligatoirement par les enfants.
Les sensations varient souvent d'une personne à l'autre et peuvent même, parfois, apparaître contradictoires. C'est pourquoi il n'est pas du tout recommandé de les signaler aux enfants qui devront les découvrir eux-mêmes et à leur propre rythme. C'est pour cette raison aussi que nous ne les indiquerons pas ici.
Pour votre préparation et votre entraînement personnels, vous pouvez utiliser les séances décrites dans cet ouvrage, en les reprenant fréquemment et, si possible, en en respectant l'ordre, car elles suivent une progression. Elles constituent une solide base de travail qu'on peut enrichir et approfondir. Elles devraient en outre, vous permettre d'avoir « une longueur d'avance » sur vos élèves.

CONSEILS D'ORDRE PRATIQUE

Le lieu

L'idéal serait de disposer d'une salle de classe désaffectée, couverte de moquette et possédant des rideaux pour réaliser la pénombre (jamais le noir!). A défaut de moquette, des tapis individuels de gymnastique peu épais en caoutchouc ou en mousse peuvent convenir. Si la salle peut aussi être isolée du bruit, ce n'en sera que plus facile et plus efficace. Elle doit dans tous les cas *être bien chauffée.* Le froid, en effet, provoque un resserrement musculaire contrariant tout désir de détente.
Mais même si toutes ces conditions ne sont pas totalement réunies, il est possible de travailler tout en essayant d'améliorer au maximum le confort. (Quand comprendra-t-on que la relaxation active n'est pas un luxe mais une nécessité à l'école?)

Fréquence des séances

Il serait souhaitable d'envisager une séance de relaxation chaque jour, inscrite à l'emploi du temps et de préférence dans la matinée. Rappelons que nous considérons la relaxation active comme un travail préparant les élèves à une plus grande disponibilité, à une meilleure écoute, à une bonne qualité d'attention pour la journée. D'où l'intérêt de la proposer le matin et à titre préventif.

A défaut d'une séance quotidienne, une séance tous les deux jours et même une séance hebdomadaire seront toujours profitables, quoique moins efficaces. Chaque séance proposée dans cet ouvrage est conçue pour être « travaillée » chaque jour pendant une semaine au moins. Ainsi les quinze séances représentent environ une année de travail continu et progressif.

Si, pour des raisons impératives, une séance a dû être supprimée, on n'hésitera pas à recourir aux « mouvements instinctifs de détente » (voir la deuxième partie) en sachant qu'il s'agit d'un palliatif.

Lorsque les séances de relaxation active sont bien conduites, les enfants les réclament, conscients de leur importance et de leur intérêt pour eux-mêmes, car répondant à un besoin réel.

Durée des séances

Les premières séances ne doivent pas excéder cinq à dix minutes. En particulier, pour les jeunes enfants de la maternelle (4-5 ans), on ne se sentira pas obligé d'exécuter tous les exercices proposés dans une séance. On prendra soin de les étaler sur plusieurs séances. La séquence d'immobilité sera, bien évidemment, abrégée au début et ramenée à deux ou trois minutes, pour atteindre très progressivement cinq à six minutes, selon les possibilités des enfants. On veillera tout particulièrement à bien « sentir » son groupe-classe afin de ne pas dépasser un temps que certains enfants supporteraient mal.

D'une façon générale, les premières séances et les exercices qui requièrent le mouvement s'effectuent sur le mode ludique, *sans aucune exigence d'application,* dans la bonne humeur et le rire qui facilitent le relâchement et la détente. A chaque nouvelle séance, d'anciens exercices sont repris et des nouveaux sont proposés. Ainsi, progressivement et presque imperceptiblement, la durée des séances s'allonge, si bien qu'au bout de quelques mois de travail elle peut atteindre quinze, vingt, voire jusqu'à trente minutes. De la même façon, on constate que « la qualité » des séances s'améliore,

les enfants faisant preuve d'une capacité de concentration de plus en plus grande.
Dans toutes les situations, il nous paraît important de préciser aux enfants qu'ils peuvent toujours interrompre un exercice (par exemple s'ils ne se sentent pas bien) et aller s'asseoir dans un coin sans gêner les autres. Ainsi rassurés, ils se laisseront plus aisément aller à la détente et accepteront sans doute plus facilement de rester dans l'immobilité.
Aucune détente n'étant possible dans la crainte ou dans la contrainte, nous devons nécessairement accepter toutes les réactions des enfants par rapport à la relaxation : interruption de l'immobilité, changement de position du corps, mouvements incontrôlés, yeux ouverts...
L'apprentissage de l'immobilité et du silence exige du temps et beaucoup de patience. C'est une conquête particulièrement importante et difficile pour chacun d'entre nous qui vivons dans une civilisation qui ne connaît quasiment plus le silence.

> *L'espace de l'esprit, là où il peut ouvrir ses ailes, c'est le silence.*
> *Le silence est seul signe de la qualité.*
>
> Saint-Exupéry

Dans tous les cas, chaque séance de relaxation devrait être vécue comme un moment privilégié, à la fois agréable et intéressant grâce à l'atmosphère de détente et aux nombreuses découvertes que font les enfants au niveau de leurs sensations.

La voix

Tout pédagogue sait par expérience que la voix est inductrice de calme ou d'excitation. Au cours des séances de relaxation active on recherchera à ajuster le ton et le rythme de la voix aux exercices proposés. Ainsi lorsqu'il s'agit d'exercices dynamiques (comme les décrochages) le ton pourra être assez élevé et le rythme assez rapide, alors qu'à l'occasion d'exercices exigeant une certaine concentration (ceux par exemple exécutés dans l'immobilité et le silence), on s'efforcera de baisser le ton et de ralentir le rythme de la voix. Mais on s'assurera toujours que tous les enfants entendent bien les consignes (penser aux malentendants).

Très vite on s'aperçoit que l'entraînement et l'expérience sont irremplaçables et qu'eux seuls conduisent à un ajustement de plus en plus précis de la voix.

La tenue

Dans la mesure du possible on recommandera aux enfants de se vêtir d'un survêtement et de chaussettes en laine.
Il est souhaitable en effet que les vêtements permettent une grande liberté de mouvement et une respiration sans contrainte. Veiller à ce que les ceintures soient desserrées, les cols de chemises ouverts...
Les vêtements doivent aussi être chauds, car la relaxation (surtout dans les exercices d'immobilité) ralentit la circulation du sang et, de ce fait, refroidit légèrement le corps. Dans certaines circonstances (salles mal chauffées), il serait judicieux de couvrir les enfants avec une petite couverture. Dans tous les cas, il est très important quand on se relaxe de ne pas avoir froid, car cela provoque toujours un resserrement musculaire qui nuit à la détente et au relâchement désirés.

LES POSSIBILITÉS DE FORMATION A LA RELAXATION ACTIVE

Bien qu'unanimement appréciée par les enseignants et les élèves qui la pratiquent, la relaxation active n'a pas encore reçu une reconnaissance officielle. C'est la raison pour laquelle elle n'apparaît pas dans les programmes de formation des maîtres. A ce jour, seul le Centre de formation des maîtres à l'adaptation et à l'intégration scolaire (AIS) rattaché à l'I.U.F.M. de Versailles dispense cet enseignement,
– d'une part, aux stagiaires en formation initiale (AIS),
– d'autre part, aux enseignants de tous niveaux, volontaires, qui acceptent de consacrer le mercredi matin à cette formation dans le cadre de la formation continue organisée par le centre AIS. Au cours de l'année scolaire et à la demande des inspecteurs départementaux de l'Éducation nationale, des animations pédagogiques sont organisées afin d'informer et de sensibiliser les enseignants à la pratique de la relaxation active avec les enfants. Pour tous renseignements concernant la formation, les animations ou les stages éventuels, les personnes intéressées peuvent s'adresser à Samy Boski, École normale, 45 avenue des États-Unis, 78000 Versailles.
Cette formation, dispensée par des animateurs spécialisés à l'école normale de Versailles est sans aucun doute la plus efficace et la

plus facile. Cependant elle n'est accessible qu'aux seuls enseignants de la région parisienne, pour des raisons de transport bien évidentes.
Comment peut-on se former lorsqu'on se trouve dans l'impossibilité de se rendre à l'I.U.F.M. de Versailles?
Trois solutions sont possibles :

Travailler seul, s'il n'existe pas d'autre choix
Dans cette situation l'enseignant s'imprègne de l'esprit de la méthode en portant toute son attention aux conseils et principes généraux décrits dans la première partie de cet ouvrage.
Il a tout intérêt également à se référer au livre de Maurice Martenot et Christine Saïto, *Se relaxer : Pourquoi? Comment?* [1] Enfin et surtout, il doit s'entraîner quotidiennement en pratiquant les exercices décrits dans les séances qui suivent. *L'expérimentation personnelle est essentielle et irremplaçable.*
Cette façon de se préparer, de se former est, certes, la plus difficile : elle exige une grande volonté sinon du courage. Pourtant, à l'expérience, on se rend compte que les résultats obtenus, tant sur le plan personnel que sur le plan professionnel, sont tout à fait remarquables.

Travailler à deux
Trouver un partenaire et lui proposer de travailler en commun est une solution particulièrement intéressante. Ce partenaire peut être un collègue de l'école mais aussi le conjoint ou un ami qu'on aura convaincu de l'intérêt de ce travail. Dans ce cas, chaque personne prend à tour de rôle la place de l'animateur et dirige l'autre en lisant les consignes données pour chaque exercice. Après quelques répétitions d'un même exercice, on s'aperçoit qu'il est tout à fait possible de se diriger soi-même. Le travail à deux s'avère stimulant et permet des échanges souvent importants pour la suite du travail. Cependant, il n'exclut pas la démarche personnelle indispensable.
On pourra procéder de la façon suivante : le premier jour est consacré au « déchiffrement » des exercices d'une séance avec le partenaire; les autres jours de la semaine sont réservés au travail

1. Albin Michel, 1977.

personnel et individuel à partir de ces exercices. Les échanges auraient lieu juste avant de déchiffrer la séance suivante.

Solliciter un RPM

Les rééducateurs en psychomotricité (RPM) de l'Éducation nationale, le plus souvent rattachés à un groupe d'aide psycho-pédagogique (GAPP), sont, de par leur spécialisation, les plus qualifiés pour animer des groupes de formation à la relaxation, à condition qu'ils y aient été eux-mêmes formés. L'expérience, tentée déjà dans quelques groupes scolaires avec succès, pourrait bien évidemment se généraliser. Ainsi, les enseignants qui participent à ces groupes trouvent sur place la possibilité de s'entraîner, de se former, d'échanger à propos de leurs expériences personnelles et professionnelles.

DEUXIÈME PARTIE

LES MOUVEMENTS INSTINCTIFS DE DÉTENTE

Voici, en préalable aux séances de relaxation active, les « mouvements instinctifs » de détente, dénommés ainsi parce que nous les utilisons d'une manière machinale, presque inconsciente lorsque nous sentons la fatigue nous envahir. Exécutés consciemment, ces mouvements prennent une dimension nouvelle : leur efficacité est amplifiée. Ils ne sauraient pourtant être assimilés ou confondus avec les séances de relaxation qui suivent et qui visent, elles, à un travail en profondeur et durable.

Les « mouvements instinctifs » de détente apportent un soulagement immédiat, provoquent une rupture entre ce que nous venons de faire et ce que nous allons entreprendre; c'est pourquoi ils trouvent naturellement leur place entre deux leçons faites en classe. Ils offrent l'avantage de pouvoir s'effectuer sur place, en classe, et d'éviter ainsi tout déplacement; à n'importe quel moment de la journée. Ils ne prennent que quelques minutes pour un résultat tout à fait appréciable.

D'autre part, ces « mouvements instinctifs » n'exigent aucune préparation particulière, ni formation de la part de l'enseignant. Celui-ci peut donc les expérimenter avec ses élèves très tôt dans l'année et aussi fréquemment qu'il le souhaite. Pour les enfants, ils constituent une toute première et intéressante approche de la relaxation active.

L'automassage du visage
Assis à sa table, prendre son visage dans les mains et le masser dans tous les sens et sur toute sa surface. Insister plus particulièrement sur les yeux qu'on frotte doucement du bout des doigts et qu'on presse avec le talon des mains. Fermer très fort les yeux puis les ouvrir tout grands, plusieurs fois...
Frotter vigoureusement les pavillons des oreilles en les rabattant avec les mains à plusieurs reprises; masser avec l'index ou le majeur l'intérieur des pavillons... Puis masser le cou et la nuque en changeant de main plusieurs fois. En période de froid, frotter énergiquement les os situés derrière les oreilles de bas en haut et de haut en bas avec l'index ou le majeur (zones de régulation de la chaleur).
L'automassage du visage apporte une détente et un bien-être incontestables surtout après un effort intellectuel intense. Il suffit de l'expérimenter pour s'en convaincre.
Nous retrouverons l'automassage du visage, mais beaucoup plus détaillé, dans la 13e séance de relaxation.

Les étirements et le bâillement
Debout, à côté de sa table, à une distance suffisante les uns des autres, s'étirer dans tous les sens et bâiller aussi fort qu'on peut... Se plier en avant, en arrière, secouer une jambe puis l'autre... se grandir... se faire tout petit... étirer la colonne vertébrale, l'arrondir, se cambrer légèrement. Placer les mains derrière la tête puis tirer les coudes vers l'arrière... Imaginer un chat qui s'étire et qui bâille... et tout ce qu'il est possible de faire pour « dégourdir » un corps longtemps soumis à l'inactivité pendant le travail scolaire.
Entrecouper les activités intellectuelles par quelques étirements et quelques bâillements provoque une détente générale tout à fait stimulante pour la suite du travail. Pourquoi s'en priver?

Le soupir et le rire
Le soupir est une façon instinctive de soulager ses tensions musculaires mais aussi ses angoisses. Pourquoi ne pas proposer aux élèves, juste avant un travail écrit individuel ou une situation à problème, d'effectuer quelques soupirs conscients?
Soupirer plusieurs fois de suite consciemment, en forçant légèrement les soupirs, soulage les tensions, dédramatise les situations et

contribue du même coup à rendre les enfants plus disponibles face à leur tâche.

Chacun sait combien les tensions, les craintes, les angoisses paralysent le corps mais aussi l'intellect.

Le rire, plus encore que le soupir, est propice à dédramatiser toute situation. C'est pourquoi nous ne devrions jamais laisser passer l'occasion de « rire un bon coup » avec les élèves dans la classe. Loin de nuire au sérieux du travail scolaire, le rire favorise la détente et la disponibilité des enfants quand il surgit spontanément ou quand il est provoqué volontairement par le maître. Il contribue à créer une atmosphère chaleureuse au sein du groupe-classe et stimule l'activité intellectuelle des enfants. Est-ce un hasard si certains médecins, aujourd'hui, utilisent le rire pour soigner leurs malades?

Nous ne répéterons jamais suffisamment que c'est dans un corps détendu (pas endormi!) que l'individu peut le plus efficacement développer toutes ses potentialités intellectuelles et physiques.

LES SÉANCES

Première séance : le laisser-faire

- *Durée de la séance*
  8 à 10 minutes pour les jeunes enfants (4-6 ans),
  10 à 15 minutes pour les enfants de 7 à 11 ans.

- *Conseils et remarques*
  – Il est important, surtout pour les jeunes enfants, de commencer par une séance très courte. Au besoin on peut réduire le nombre d'exercices de la séance et reprendre ceux qui n'auront pas été faits les jours suivants. Un même exercice peut être raccourci : par exemple dans l'exercice « les points de contact », on peut s'en tenir dans un premier temps aux parties du corps les mieux connues des enfants (les talons, les fesses, la tête...) et compléter à la séance suivante. Rappelons qu'une séance devrait être reprise chaque jour pendant au moins une semaine (davantage pour les petits).

  – Dans tous les cas, et quel que soit l'âge des enfants, on devra s'assurer que toutes les parties du corps nommées dans la séance, que tout le vocabulaire utilisé soient parfaitement connus de tous. Pour cela, on pourra recourir à la visualisation, à la démonstration, au toucher sur soi ou sur un autre, ainsi qu'aux planches d'anatomie, à la poupée de chiffon, etc.

– A propos de l'immobilité : il arrive parfois, et surtout avec les jeunes enfants, que le travail dans l'immobilité soit difficile, voire impossible, ce qui est tout à fait normal. Il ne sert à rien de les gronder ou de leur en vouloir : s'ils bougent ou gesticulent, c'est qu'ils ne peuvent faire autrement. Nous devons tolérer cette attitude. A leur intention, nous pourrions conseiller juste avant la « séquence allongée » : « Si vous ne pouvez pas rester immobiles, cela n'est pas grave, vous avez le droit de bouger et même de vous asseoir, mais vous ne devez en aucun cas déranger vos camarades qui sont allongés. » Cette simple remarque les rassure et leur donne au moins envie d'essayer. Mais même s'ils s'assoient, il est très profitable pour ces enfants nerveux et instables de regarder leurs camarades et de prendre conscience que l'immobilité est possible.
Celle-ci, nous le constatons, s'acquiert progressivement et à des rythmes différents suivant les enfants. Pour faciliter encore cette acquisition, on pourrait imaginer un jeu, avec leur concours, qui consisterait à chronométrer, à chaque séance, le temps pendant lequel « ils ne bougent pas du tout ». Concours individualisé qui permettrait à chaque enfant de s'apercevoir que son temps d'immobilité s'allonge au fil des séances, grâce en particulier à la confiance qu'il prend en lui-même.

– A propos de la respiration : il nous paraît important de laisser les enfants découvrir eux-mêmes où « ça bouge » quand ils respirent naturellement. Mais il est non moins important que le maître ou la maîtresse vérifie que « ça bouge » au niveau du diaphragme et non au niveau du thorax. Si c'était le cas, il pourrait s'agir d'une respiration inversée : il serait peut-être alors utile de le signaler au médecin scolaire, sans toutefois dramatiser.
Lors de la verbalisation, on pourra confirmer aux enfants que c'est au niveau du diaphragme que « ça bouge » car celui-ci se soulève et s'abaisse au cours d'une respiration complète et naturelle. (Ne jamais parler de respiration « normale » qui pourrait inquiéter ceux qui ont une respiration thoracique.)

– Les points de suspension... indiquent un temps de silence plus ou moins long qui sépare deux consignes. Avec l'expérience, ce temps de silence s'apprécie de plus en plus finement.

Travail debout

Exercice 1 : jeu du laisser-faire

Les élèves forment un grand cercle et se mettent deux par deux, l'un derrière l'autre. Celui qui est devant sera « passif », l'autre « actif ». Ce dernier doit « jouer » avec les bras de son camarade en les soulevant, avec le dos des mains placé au-dessus des coudes, en les balançant, en les remuant dans tous les sens... et en les laissant retomber. L'élève « passif » doit laisser faire, c'est-à-dire ne pas empêcher ni accompagner les mouvements de ses bras qui restent aussi relâchés, aussi « libres » que possible...

Au bout de deux minutes on inverse les rôles.

Ce « jeu » permet de « tester » la capacité que nous avons « à laisser faire » au niveau des bras. Si l'on constate que pour certains enfants c'est difficile, voire impossible, il ne faut pas s'en étonner et donc ne pas insister : cela viendra plus tard. Il faut faire confiance.

Exercice 2 : le « Bof »

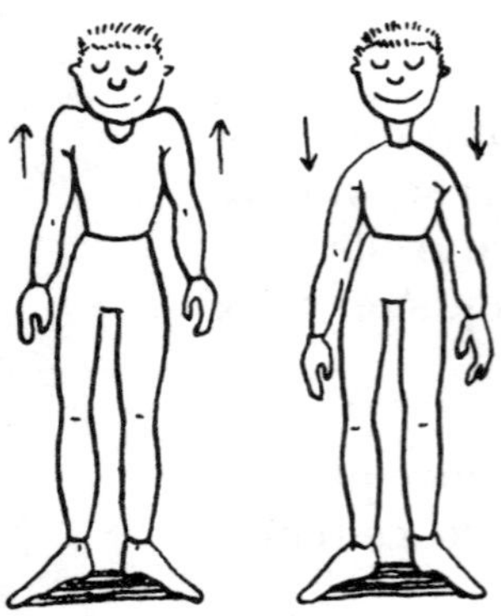

Les élèves reforment un grand cercle et se tiennent debout sur leur tapis de relaxation, pieds légèrement écartés, bras relâchés le long du corps :

« Vous haussez les épaules comme vous avez l'habitude de faire pour dire " Je m'en fiche " ou bien " Bof! " le plus spontanément et le plus sincèrement possible. Faites-le une dizaine de fois environ. »

Souvent réprouvé par les adultes qui le considèrent comme une marque de mépris ou d'insolence, ce mouvement des épaules est en réalité un réflexe de détente, une défense face à une crainte non avouée.

Il faut savoir aussi que plus le haussement des épaules est « vrai », sincère et spontané, plus efficacement il détend :

– les muscles des trapèzes où se concentrent habituellement les craintes et les angoisses (voilà pourquoi

ils sont parfois si douloureux, surtout chez certains adultes),
– *sur le plan psychologique,* car il n'est pas si facile de « s'en fiche », contrairement à ce qu'on pourrait croire.
L'effet dédramatisant de cet exercice est très souvent apprécié. Il faut naturellement l'exécuter comme un jeu et si l'on veut faciliter le haussement des épaules on peut l'accompagner avec la voix : « Bof! » ou « J'm'en fiche ».

▷ *Remarque :* Ne nous méprenons pas sur cet exercice : il ne s'agit pas de « se fiche » de tout et tout le temps, mais simplement d'être capables à un moment précis, « ici et maintenant » de dédramatiser, de relativiser notre situation et donc de laisser tomber toutes nos tensions, nos peurs et nos angoisses.

Exercice 3 : monter à l'échelle

« Vous êtes debout, les pieds légèrement écartés... Tendez les bras vers le plafond et imaginez que vous allez grimper un à un les barreaux d'une échelle... Montez sur la pointe des pieds et grandissez-vous en n'hésitant pas à vous déplacer légèrement. Étirez-vous le plus possible comme pour atteindre le plafond... un bras s'étire, puis l'autre, ainsi de suite... vous regardez le plafond que vous désirez toucher avec vos doigts... Puis, d'un seul coup, vous vous relâchez complètement dans un grand soupir pour vous retrouver accroupi et rebondissant souplement sur vos deux jambes... Prenez le temps de bien respirer avant de recommencer le même exercice deux autres fois... »

▷ *Remarque :* Cet étirement qui n'exige aucune concentration doit s'effectuer comme un jeu. Il mobilise tout le corps, qui, après le relâchement soudain, éprouve une détente générale.

Travail allongé

Exercice 4 : prise de conscience des points de contact sur le dos

« Allongez-vous sur le dos, la tête reposant sur le tapis de relaxation, les bras légèrement écartés de votre corps, les jambes ouvertes et vos pieds tombant vers l'extérieur... Vous pouvez fermer les yeux si vous le voulez... Cherchez le meilleur confort possible... Prenez le temps d'observer et de sentir toutes les parties de votre corps qui touchent le sol, qui ont un contact avec le sol... Essayez de les sentir toutes, de ne pas en oublier... Dans votre tête, énumérez toutes ces parties, tous ces contacts... (laisser le temps de faire le tour des sensations de contact).

« Maintenant vous pourriez dire à voix haute quelles sont ces parties de votre corps qui touchent le sol... (laisser les enfants énumérer et vérifier si toutes les parties ont été nommées).

« A présent, vous allez observer comment reposent sur le sol les parties de votre corps que je vais désigner : ainsi, prenez conscience du contact de vos talons sur le sol, talon gauche puis talon droit; profitez-en pour laisser vos pieds se relâcher et tomber vers l'extérieur... Puis observez le contact de vos mollets avec le sol, mollet gauche, puis mollet droit; profitez de ce contact pour laisser vos jambes se détendre complètement...

« Comment reposent, à présent, le haut de vos cuisses et vos fesses sur le sol? Là encore profitez de la sensation de ces contacts pour laisser ces parties de votre corps se relâcher, se détendre...

Prenez conscience de la partie de votre dos qui est en contact avec le sol, au niveau des côtes, des omoplates, et observez que vous pouvez laisser votre dos lâcher, se relâcher... Puis observez le contact de vos coudes avec le sol, coude droit puis coude gauche et profitez-en pour laisser vos bras se relâcher... A présent observez quelle est la partie de vos mains en contact avec le sol, toute la main ne reposant pas sur le sol...

« Enfin prenez conscience du contact de votre tête avec le sol, de la partie de votre tête qui touche le sol... profitez, là encore, de ce contact pour laisser votre tête se relâcher au maximum, comme si elle avait envie de s'enfoncer un peu dans le sol... »

Signalons qu'on peut de la même façon faire observer les « creux » c'est-à-dire les parties du corps qui n'ont pas de contact avec le sol : creux des chevilles, sous les genoux, creux des lombaires, des poignets, de l'intérieur des mains, creux sous les bras, creux de la nuque...
Cette observation et cette prise de conscience pourront s'envisager dans une reprise de cette même séance deux ou trois jours après, dans le but de ne pas trop prolonger cette première séance qui, rappelons-le, devra être quelque peu morcelée pour les jeunes enfants (4-6 ans).

Exercice 5 : prise de conscience de la respiration
« A présent, vous ne pensez plus aux points de contact de votre corps avec le sol, mais vous portez votre attention sur votre respiration, vous l'observez... Respirez naturellement, sans effort, et si c'est possible par le nez... Si vous modifiez le rythme et l'intensité de votre respiration, cela n'est pas grave : essayez de respirer sans faire d'effort...
« Pendant que vous respirez, vous pouvez observer qu'une partie de votre corps bouge sous l'effet de la respiration... Prenez conscience de ce mouvement...
« Lorsque vous avez senti, puis repéré la partie de votre corps qui bouge, posez-y tranquillement une main et laissez votre main accompagner le mouvement de votre respiration... »
(Remarquer où se posent les mains mais ne faire aucune observation.)
« Après quelques respirations, vous pouvez enlever votre main et la reposer sur le sol, mais vous continuez à observer ce mouvement qui " monte " et qui " descend ", cette partie de votre corps qui " gonfle " et qui " dégonfle "... Essayez de sentir à quel moment " ça gonfle " et à quel moment " ça dégonfle "... Prenez conscience de ce qui se passe quand vous laissez l'air entrer, c'est-à-dire quand vous inspirez... puis ce qui se passe lorsque vous laissez l'air sortir, c'est-à-dire quand vous expirez... Surtout ne forcez pas votre respiration, laissez-la se faire toute seule ». (Laisser découvrir pendant quelques instants.)

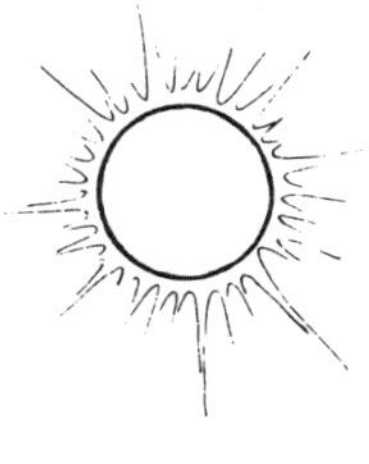

La reprise

« Maintenant, vous respirez de plus en plus fort, vous amplifiez votre respiration... Puis vous vous étirez dans tous les sens... Vous ouvrez les yeux... Et quand vous le souhaitez vous vous asseyez sur votre tapis... »

La verbalisation

Elle n'est pas indispensable mais souhaitable afin de permettre aux enfants qui le désirent d'exprimer librement leur ressenti. Il est rare qu'ils n'aient rien à dire. Bien entendu, leurs propos seront accueillis avec beaucoup d'attention et d'intérêt, mais en général sans commentaires, et surtout sans jugement de valeur. Le maître ou la maîtresse se contente d'écouter, de constater, éventuellement d'encourager.
Il ne faut pas attendre « d'effets » immédiats; ceux-ci apparaîtront lentement, progressivement et pas forcément pendant ou après la séance, mais souvent à notre insu et au moment où l'on s'y attend le moins : d'où l'inutilité de *rechercher* des résultats.

Le dessin

De retour en classe, il est conseillé (sans toutefois systématiser) de proposer, surtout aux jeunes enfants, de dessiner librement sur la séance de relaxation : soit qu'ils dessinent un exercice en particulier, soit la séance elle-même telle qu'ils l'ont perçue. L'analyse des dessins par l'enseignant permet de très intéressantes observations et renseigne en particulier sur l'évolution de la perception du schéma corporel chez les jeunes enfants (4-6 ans).

Deuxième séance : libérer ses tensions

▸ *Durée de la séance*
8 à 12 minutes pour les jeunes enfants (4 à 6 ans),
12 à 15 minutes pour les enfants (7 à 11 ans).

▸ *Conseils et remarques*
– Avant d'aborder de nouveaux exercices, nous conseillons de reprendre quelques exercices déjà connus de la ou des séances précédentes. Ils peuvent être repris rapidement comme une « révision » ou sous une forme un peu différente exigeant une plus grande concentration. Dans ce dernier cas, le rythme d'exécution sera ralenti et la demande d'attention plus grande. Comme nous l'avons déjà souligné, nous ne devons avoir aucune exigence d'application au cours des premières séances, et surtout avec les jeunes enfants, en ce qui concerne la qualité d'exécution des exercices. Ce qui apparaît progressivement, c'est la qualité de la concentration et du silence.
Mais, avant d'en arriver là, il est parfois nécessaire de libérer ses tensions sous une forme « explosive » telle que nous le propose l'exercice du « lancer de feuilles ».

– La « reprise » doit être considérée comme un exercice à part entière. Elle sera de courte durée (1 à 2 min.) pour les jeunes enfants, mais pourra se prolonger jusqu'à 4 ou 5 minutes pour les plus grands en fonction de leur désir de « refaire surface » plus ou moins rapidement. Elle sera donc « échelonnée » afin de permettre à ceux qui le souhaitent de rester plus longtemps dans le silence et à l'écoute de leurs sensations. De la qualité de la « reprise » dépend souvent la qualité de l'atmosphère qui va suivre pour la verbalisation ou le retour en classe. Aussi est-il nécessaire de lui accorder une grande importance et du temps.

Travail debout

Reprendre les exercices 2 : le « Bof » et 1 : jeu du laisser-faire (si on dispose de suffisamment de temps); continuer avec :

Exercice 6 : le lancer de feuilles
« Debout, les pieds largement écartés, imaginez que vous allez ramasser au sol une grande brassée de feuilles mortes que vous lancerez ensuite aussi loin et aussi haut dans le ciel que vous le pourrez; vous ramassez les feuilles en inspirant et vous les lancez en soufflant très fort... Commencez les bras écartés.

Refaites ce mouvement trois fois de suite, si possible tous en même temps... Puis vous allez recommencer le même mouvement trois fois encore, mais au moment où vous lancez les feuilles haut et loin vous pousserez un grand cri : Ha! le plus fort possible. Là encore, vous le faites tous ensemble et en même temps... »

Ce cri libérateur risque tout d'abord d'effrayer, mais il n'en est rien car ce qui le suit généralement c'est un grand soulagement et une chute des tensions. On ne s'étonnera point de trouver de tels exercices dans la relaxation active lorsqu'on sait que le mot « relaxation » vient du latin « laxare » qui signifie « libérer ». Se relaxer c'est donc d'une certaine manière se « re-libérer » par rapport à une certaine liberté que nous aurions perdue.

Exercice 7 : étirement contrôlé

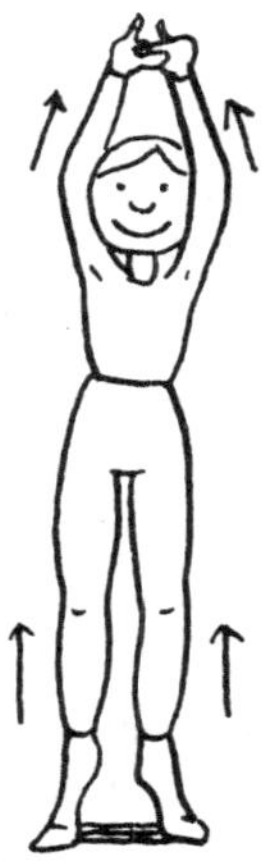

L'exercice doit se faire dans un mouvement continu, guidé par le rythme de la respiration. Debout sur le tapis de relaxation, pieds légèrement écartés (de la largeur du bassin environ), bras le long du corps :
« Vous montez lentement vos bras de chaque côté du corps, paumes vers le sol; lorsque vos bras arrivent à la hauteur des épaules, vous retournez vos mains, paumes vers le plafond... Vous continuez à monter les bras tendus jusqu'à ce que les mains se rejoignent au-dessus de la tête... Vous croisez alors les doigts, puis vous retournez les paumes des mains vers le plafond et vous tirez sur les bras comme pour vous grandir en montant en même temps sur la pointe des pieds : grandissez-vous! Puis reposez les talons au sol, vous retournez vos mains, vous décroisez les doigts, les bras redescendent lentement... Arrivés à la hauteur des épaules (bras horizontaux), vous retournez vos mains, paumes vers le sol et vous abaissez vos bras le long du corps. »
A répéter trois fois, en veillant à l'exécution lente et consciente du mouvement et en n'oubliant pas de respirer. On peut d'ailleurs, si l'on veut, associer la respiration à l'étirement : la totalité du mouvement se fait en trois respirations complètes.
1re inspiration : les bras s'élèvent jusqu'à l'horizontale.
1re expiration : les mains viennent se croiser au-dessus de la tête.

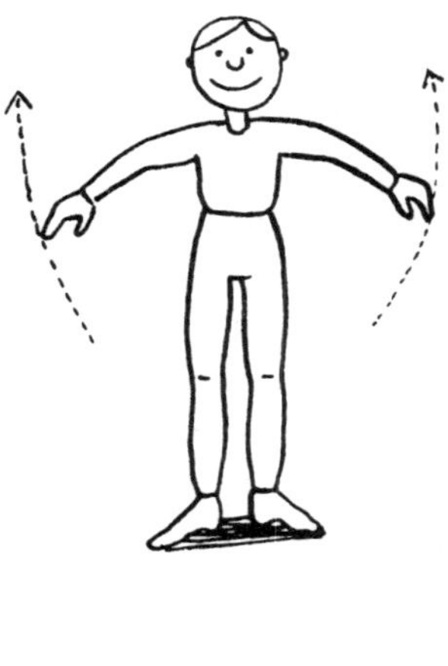

2e inspiration : on s'étire, on se grandit au maximum.
2e expiration : on repose les talons, les mains se décroisent.
3e inspiration : les bras s'ouvrent jusqu'à l'horizontale.
3e expiration : les paumes se tournent vers le sol et les bras redescendent le long du corps.
Avant de le faire faire aux enfants, il est souhaitable que l'enseignant exécute le mouvement au moins une fois devant eux.

Travail allongé

Exercice 8 : détente des jambes

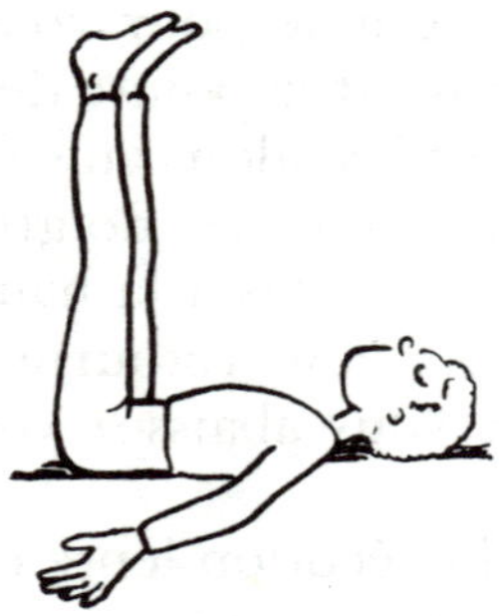

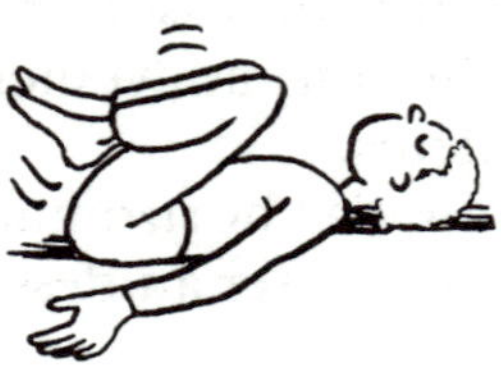

« Allongez-vous confortablement sur le dos, la tête sur le tapis, les genoux pliés... Montez lentement vos deux genoux joints sur le thorax... Levez tranquillement vos deux jambes vers le plafond jusqu'à la verticale... Marquez un léger temps d'arrêt (deux ou trois secondes), puis brusquement laissez retomber vos jambes sur l'arrière de vos cuisses... Laissez-les rebondir et s'immobiliser toutes seules... N'intervenez pas pour les retenir de tomber et de rebondir, ni pour forcer le mouvement de la chute : laissez faire...

« Lorsque les jambes se sont immobilisées d'elles-mêmes, vous recommencez à les lever... Temps d'arrêt... chute... Ainsi, trois ou quatre fois, puis vous reposez lentement les pieds au sol... »

Là encore on peut associer la respiration au mouvement : ainsi, on inspire en levant les jambes, et c'est sur l'expiration qu'on les laisse retomber.

Cet exercice est particulièrement efficace pour détendre les jambes après une longue marche, ou dans le cas de « jambes lourdes ».

Exercice 9 : abandon des bras et des jambes

« A présent, vous allongez les jambes et vous laissez tout votre corps se détendre sur le sol... Sentez que vous êtes portés par le sol... Vous pouvez donc sans crainte le laisser s'abandonner... Respirez tranquillement, sans effort...

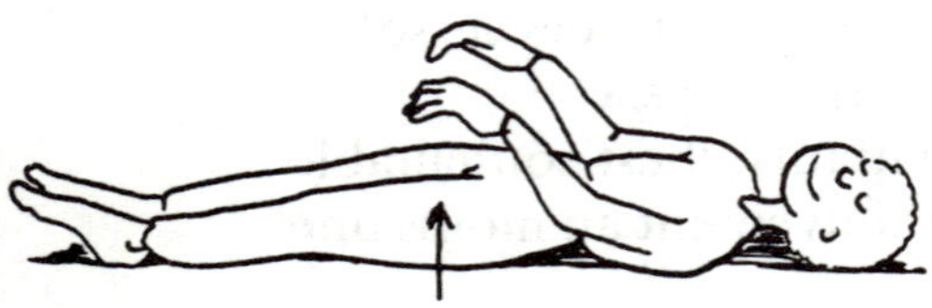

« Puis, lentement, vous soulevez vos deux bras au-dessus du sol, à vingt centimètres environ, de chaque côté du corps, vous marquez un léger temps d'arrêt... puis subitement vous les laissez retomber sur le sol... Laissez-les retomber tout seuls, sans les pousser et sans les retenir : ils tombent par leur propre poids... Observez bien vos bras avant de recommencer à les soulever une deuxième fois... Marquez un temps d'arrêt... d'un seul coup, vous les laissez tomber... et puis une dernière fois... Soulevez... temps d'arrêt... chute... » (Ne pas intervenir, même si on constate que l'abandon n'est pas tout à fait libre : cela viendra progressivement.)

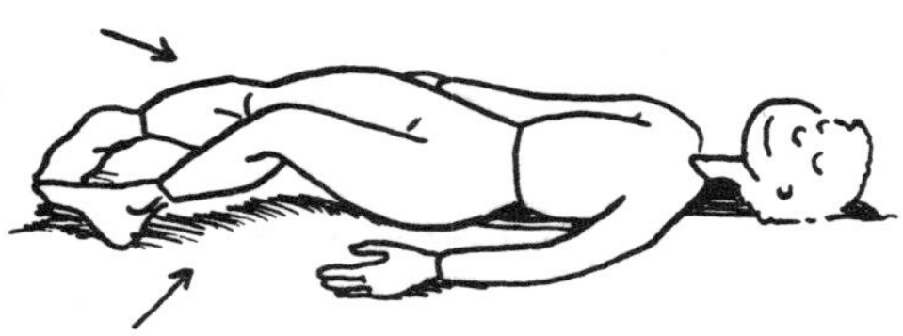

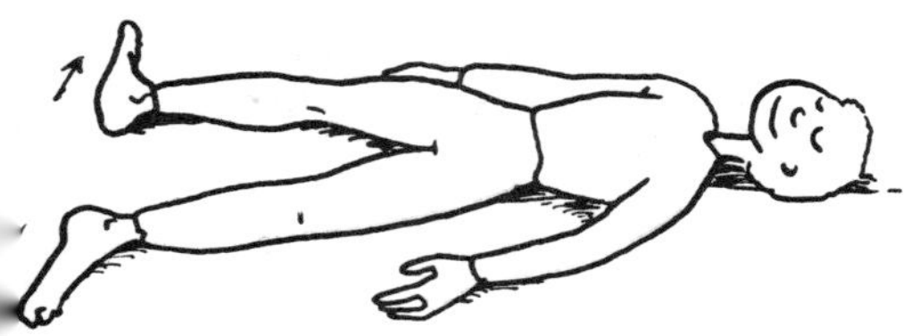

« Maintenant, vous allez tourner lentement vos genoux vers l'intérieur, de manière à rapprocher les pointes de pieds... Puis, vous remontez légèrement les genoux en glissant sur les talons... Marquez un temps d'arrêt... Puis subitement vous relâchez vos jambes qui retombent sur le sol, pieds tournés vers l'extérieur... A aucun moment vos talons ne quittent le sol... Vous prenez conscience alors de la sensation dans vos jambes... Puis vous recommencez... Tournez les genoux... Remontez les genoux... Temps d'arrêt... Abandon des jambes... Enfin une dernière fois...

« A nouveau vous prenez conscience de votre corps détendu sur le sol... Peut-être constatez-vous une différence par rapport à la sensation que vous en aviez tout à l'heure... »

La reprise

Exercice 10 : la reprise

« Vous pourriez, à présent, porter votre attention sur votre respiration, c'est-à-dire sentir que vous respirez, en évitant si possible de modifier le rythme et l'intensité de votre respiration... Simplement, vous observez " là où ça bouge " quand vous respirez sans

effort... Prenez conscience que votre respiration peut se faire toute seule, sans que vous ayez besoin d'intervenir...
« Puis, progressivement, vous amplifiez votre respiration, vous respirez de plus en plus fort... Vous commencez à remuer les doigts... les pieds... Vous vous étirez très fort dans tous les sens... Enfin vous ouvrez les yeux et, avant de vous asseoir sur le tapis, vous pouvez prendre vos genoux dans vos bras et vous bercer en vous balançant sur les côtés, le dos au sol, et d'avant en arrière. »

La verbalisation

Là encore, on peut demander aux enfants d'exprimer leur « ressenti », mais sans les y contraindre. Avec l'habitude, ils le feront d'eux-mêmes.
C'est l'occasion, en tout cas, pour l'enseignant, d'écouter les enfants parler de leur vécu présent et de prendre conscience à quel point celui-ci peut être différent d'un enfant à l'autre.
Il sera sage, bien sûr, de s'abstenir de tout jugement (positif ou négatif), mais on retiendra et on notera éventuellement certains « récits » qui auront pu paraître « étonnants », pour en discuter, le cas échéant, avec des collègues spécialisés.

Troisième séance : massons-nous

▸ *Durée de la séance*

10 à 12 minutes pour les jeunes enfants (4 à 6 ans),
12 à 15 minutes pour les enfants (7 à 11 ans).

▸ *Conseils et remarques*

– Pour les enfants de 4 à 6 ans, cette séance devra être abordée par étapes successives, l'ensemble des exercices exigeant un temps trop long pour eux. On pourra, par exemple, la première fois, ne faire que les exercices 11 et 14 et remettre aux séances suivantes les exercices 12 et 13. Même si l'exercice 13, « le sphinx », peut paraître difficile, nous conseillons de le proposer aux enfants, quitte à l'effectuer par étapes : un jour on travaille le relâchement de la tête; le jour suivant le relâchement du dos et des trapèzes. Parfois, les enfants nous étonnent par leurs capacités à réaliser des mouvements que nous imaginions trop difficiles pour eux. Leur faisons-nous suffisamment confiance?

– Le « massage des trapèzes » est généralement très apprécié, même si la première fois il déclenche l'hilarité des enfants peu habitués à ce type de pratique. Le « fou rire » passé, on peut voir les enfants et même les tout jeunes s'appliquer à « faire du bien » à leur camarade, avec un sérieux insoupçonné. Cet exercice offre de nombreux avantages : entre autres, il facilite l'approche et le toucher du corps de l'autre (ce qui n'est pas toujours évident); il fait tomber très sensiblement le taux d'agressivité dans la classe (quand on s'est mutuellement « fait du bien », a-t-on encore envie de se battre?).

Travail debout

Reprendre les exercices 2 : le « Bof » et 3 : monter à l'échelle; continuer avec :

Exercice 11 : détente des mains et des poignets

(Cet exercice pourra être utilisé en classe, notamment après un long travail écrit.)

« Debout, les pieds légèrement écartés, soulevez les avant-bras devant vous, mains face à face, coudes collés au corps... Par un mouvement rapide des avant-bras et dans un plan horizontal, vous agitez vos mains qui, elles, doivent rester passives... Le mouvement des avant-bras doit être aussi rapide que possible et les mains, les doigts et les poignets aussi “ mous ” que possible...

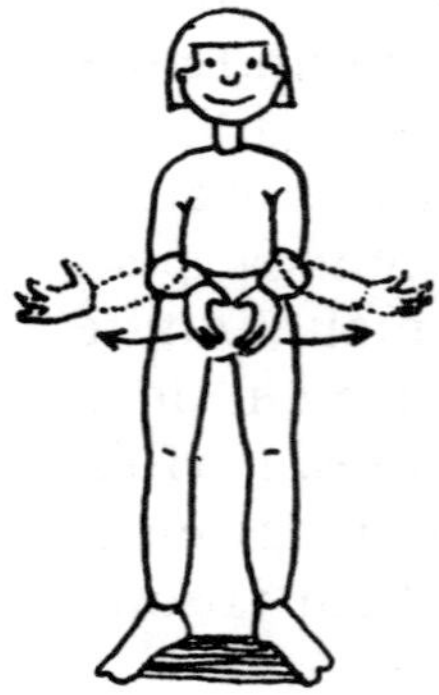

Après une minute environ, vous commandez à vos avant-bras un mouvement vertical, les paumes étant orientées vers le sol, là encore le plus rapidement possible... Puis, avec les avant-bras, vous faites le “ moulinet ” (comme dans la chanson : “ Ton moulin va trop vite... ”), le plus rapidement possible, dans un sens puis dans l'autre...
Veillez à ce que les mains restent tout à fait passives... Pour terminer, vous vous “ égouttez ” les mains en les secouant avec énergie vers le sol. »

Dans cet exercice (très efficace quand on a « la crampe de l'écrivain »), il est important que le mouvement vienne des avant-bras et non des mains, qui, elles, doivent rester passives, molles : là réside sans doute sa principale difficulté.

Mais il ne faut jamais trop insister sur une difficulté; l'exercice sera repris au cours des séances suivantes et l'on sera tout étonné de voir les difficultés franchies sans effort et pratiquement à l'insu des enfants.

Exercice 12 : massage des trapèzes deux par deux

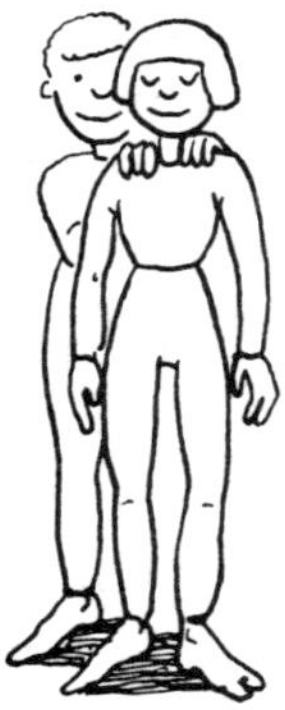

Les enfants se mettent deux par deux, si possible de la même taille, et l'un derrière l'autre. Celui qui est devant sera « le receveur » et devra donc rester « passif ». Celui qui est placé derrière sera le « donneur », donc « actif ». Avec ses mains, qu'il a préalablement chauffées en les frottant, le « donneur » masse vigoureusement les trapèzes du « receveur » qui doit rester à l'écoute de ce qu'il ressent, en étant aussi détendu que possible (au besoin il peut fermer les yeux).

Le « donneur » masse à pleines mains les trapèzes de son camarade et peut déborder sur les épaules et la nuque qui sont souvent contractées.

Le « donneur » comme le « receveur » doivent trouver un bon équilibre en écartant légèrement les pieds.

Le « donneur » doit transmettre à son camarade, à travers le massage, de la détente et du bien-être.

Le « receveur » doit prendre conscience de toutes les sensations procurées par le massage.

Pour le massage de la nuque, le « receveur » doit relever légèrement la tête pour permettre aux muscles de s'assouplir. Au bout de deux à trois minutes, les enfants inversent leurs rôles.

Travail allongé

Exercice 13 : le sphinx

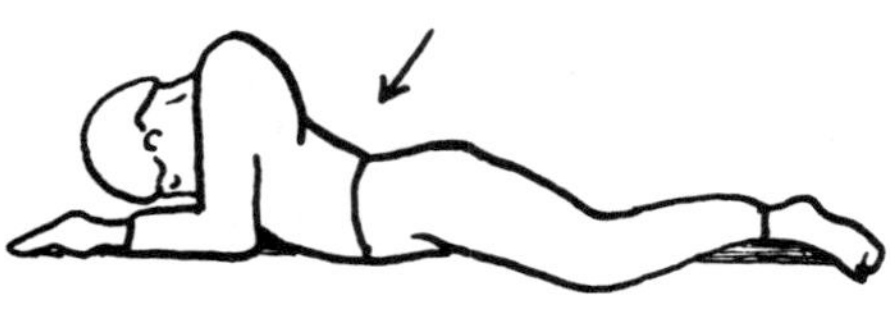

« A présent, allongez-vous sur le ventre, en appui sur les avant-bras et les mains, dans la position du sphinx. Veillez à ce que vos avant-bras soient parallèles, écartés de la largeur de vos épaules, vos mains bien à plat sur le sol et vos coudes à la verticale de vos épaules... Relâchez votre tête vers le sol et creusez le dos de façon à rapprocher vos omoplates

au maximum : elles doivent presque se toucher... Lentement vous relevez la tête jusqu'à l'horizontale, pas plus haut, vous marquez un temps d'arrêt... puis subitement, vous la relâchez... Sentez votre tête et votre nuque...

« A présent, tout en gardant la tête relâchée, vous allez élargir votre dos, c'est-à-dire écarter les omoplates comme si on vous poussait au niveau du sternum (de la poitrine) vers le plafond, vous faites un dos le plus large possible, sans décoller le ventre du sol et sans tendre les jambes... vous marquez un temps d'arrêt... puis, subitement, vous lâchez le dos... les omoplates se rapprochent à nouveau jusqu'à se toucher. Vous observez votre dos et vos épaules...

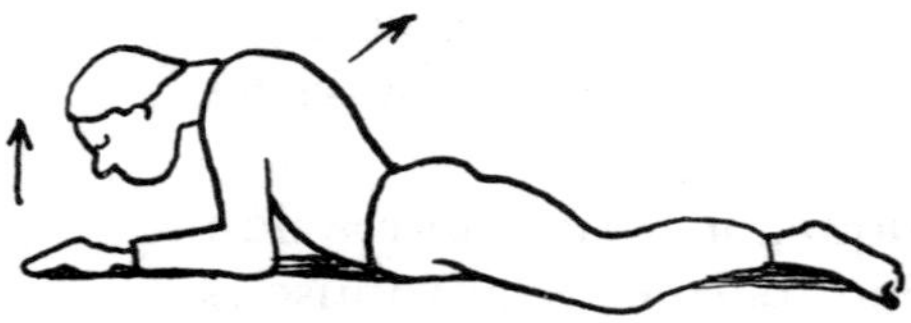

« Maintenant, vous soulevez lentement la tête jusqu'à l'horizontale et vous la maintenez soulevée... puis vous élargissez le dos, vous écartez les omoplates comme tout à l'heure... Marquez un temps d'arrêt... Au premier " top " vous laissez retomber la tête... " top "... Au second " top " vous laissez retomber le dos... " top "... Observez ce qui se passe... Si cela n'est pas trop pénible, vous allez recommencer le même exercice, mais cette fois en inversant la tête et le dos. Élargissez le dos lentement en gardant la tête relâchée... puis soulevez la tête en gardant les omoplates écartées...

« Premier " top " vous lâchez le dos... " top "... Deuxième " top " vous lâchez la tête... " top "... Prenez conscience de votre corps...

« A présent vous vous laissez aller sur le sol en vous allongeant complètement, la tête tournée sur le côté, les bras pliés de chaque côté de la tête... Restez quelques instants complètement relâchés. »

▷ *Remarques :* Cet exercice est parfois ressenti douloureusement et procure aussi une certaine fatigue. Il faudra donc veiller à ne pas le prolonger trop longtemps et à ne pas trop forcer l'élargissement du dos. Ainsi voit-on certaines personnes soulever pratiquement tout le corps et raidir leurs jambes alors que le ventre doit rester en contact avec le sol et que les jambes doivent rester aussi relâchées que possible.
D'autre part, il n'est pas recommandé de faire effectuer le mouvement de la tête à ceux qui souffrent de douleurs cervicales.
Ces conseils suivis et ces précautions prises, le « sphinx » est un excellent exercice de détente des trapèzes et des muscles de la nuque, souvent contractés. En outre, il peut avoir une influence très positive dans le relâchement des muscles du visage.

Exercice 14 : prise de conscience des points de contact sur le ventre

« Prenez conscience de tous les points de contact de votre corps avec le sol... Essayez de n'en oublier aucun, depuis la pointe des pieds jusqu'à la joue et peut-être l'oreille...
« Prenez le temps de bien les sentir...
« A présent vous observez ces points de contact au fur et à mesure que je les désigne : si vous ne les sentez pas bien, vous pouvez bouger légèrement la partie de votre corps que je nomme pour mieux ressentir le contact.
« Ainsi, vous prenez conscience du contact de vos pointes de pied avec le sol... Puis du contact de vos genoux... Du contact de vos cuisses... Observez le contact de votre bassin et de votre pubis... le contact de votre ventre (abdomen)... le contact de votre poitrine (thorax)... Observez le contact de vos mains... de vos coudes... de votre joue... et peut-être de votre oreille... Vous pouvez maintenant vérifier si vous les aviez tous bien sentis...
« A présent, vous portez votre attention sur votre respiration... Respirez calmement, sans effort... Laissez faire votre respiration... Sentez là “ où ça bouge ” quand vous respirez... Observez ce qui se passe lorsque vous inspirez... Puis lorsque vous expirez (soufflez)... »
(Laisser découvrir et sentir un bon moment.)

La reprise

« A nouveau, vous reprenez conscience de la sensation des points de contact de votre corps avec le sol, sentez bien tous les contacts... Puis, peu à peu, vous amplifiez, vous augmentez votre respiration... Vous vous étirez... Vous ouvrez les yeux... et quand vous le voulez vous vous asseyez... » (voir exercice 10, 2e séance).

La verbalisation

Laisser les enfants exprimer ce qu'ils ont senti et ce qu'ils ont à dire. Parfois ils ont beaucoup à raconter, d'autres fois ils n'ont pas envie de parler : il ne faut pas insister ni même s'en étonner. Chaque séance possède en quelque sorte son caractère unique et original.

Quatrième séance : contrôle de la passivité

▸ *Durée de la séance*
10 à 15 minutes pour les jeunes enfants (4 à 6 ans),
15 à 20 minutes pour les enfants de 7 à 11 ans.

▸ *Conseils et remarques*
– Parfois pour rompre avec l'habitude, parfois parce qu'on sent que les enfants sont très fatigués, il est possible de commencer la séance de relaxation active par la « séquence allongé ». C'est ce que nous proposons pour cette quatrième séance.
C'est peut-être le moment de rappeler que, s'agissant de séances modèles, il est également possible pour l'enseignant d'opérer des mélanges d'exercices, d'en reprendre d'anciens avant d'en proposer de nouveaux, de s'adapter en fonction des situations réelles.
Il faut aussi accorder une grande attention aux mouvements qu'inventent parfois les enfants : chacun sait que leur imagination est féconde.

– Lorsque l'effectif de la classe est important, le passage d'un enfant à l'autre pour le contrôle peut demander beaucoup de temps. L'attente peut alors paraître difficile, voire inquiétante pour certains enfants. Dans ce cas, il est possible de procéder de la façon suivante :
• l'enseignant fait une démonstration du contrôle sur un enfant volontaire, devant tous les autres enfants qui observent attentivement les manipulations des bras et des jambes;
• puis les enfants se mettent deux par deux pour reproduire ce qu'ils ont vu, étant à tour de rôle passifs puis actifs.
Le contrôle sera sans doute moins rigoureux, peut-être aussi un peu maladroit. Cette façon de faire présente au moins deux avantages :
• elle supprime l'attente,
• elle habitue les enfants à travailler deux par deux, les préparant ainsi aux mouvements passifs qu'ils feront plus tard.

Travail allongé (sur le dos)

Reprendre l'exercice 4 : les points de contact sur le dos; puis enchaîner avec :

Exercice 15 : contrôle de la passivité des bras et des jambes

Ce « contrôle » s'effectuera d'autant plus facilement qu'un climat de confiance réciproque se sera établi entre le maître ou la maîtresse et les enfants. Dans tous les cas, il est indispensable de s'assurer que les enfants acceptent d'être touchés par l'adulte.

On peut procéder de la manière suivante :

« Maintenant, je vais passer parmi vous afin de vérifier que vos bras et vos jambes sont bien détendus. Pour cela je vais être obligé de les toucher, de les soulever, de les remuer; mais si vous ne voulez pas que je vous touche, c'est votre droit, vous me l'indiquez en posant vos mains sur le ventre : je comprendrai ainsi que vous ne souhaitez pas que je vous touche.

« Quant à ceux qui acceptent que je remue leurs bras et leurs jambes, je vais passer les voir un par un. Ce que je vous demande c'est de rester passifs, c'est-à-dire tout mous; vous ne faites rien, vous laissez faire et moi je vais simplement rouler vos bras et vos jambes sur le sol, ou bien les soulever de quelques centimètres et les laisser retomber : ainsi, je pourrai constater que vous êtes bien détendus, bien relâchés.

« Ne cherchez surtout pas à m'aider ni à m'empêcher... Soyez le plus " mou " possible. En attendant que je passe vous voir, vous pouvez observer votre respiration ainsi que tous les points de contact de votre corps avec le sol. »

L'enseignant passe alors parmi les enfants consentants et vérifie « l'abandon » des bras et des jambes en les faisant rouler doucement sur le sol, en les soulevant légèrement et en les laissant retomber. Il n'est pas nécessaire d'effectuer des mouvements de grande amplitude pour constater qu'un membre est relâché : une simple poussée peut suffire. On peut également encourager les enfants à « laisser faire » en leur parlant doucement : « C'est bien... Laisse aller... Ne crains rien... Voilà, tu es tout mou... etc. »

On veillera aussi pendant tout le contrôle à ne pas trop prolonger les silences. Le ton, la douceur de la voix jouent ici un très grand rôle pour créer un climat de confiance propice à l'abandon des tensions.

A la fin du contrôle, on peut passer à :

Exercice 16 : détente de la tête et de la nuque (toujours allongé sur le dos)

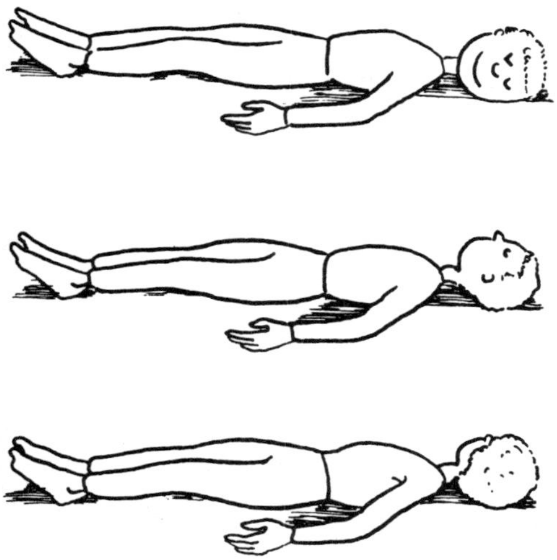

« Reprenez conscience de la sensation des points de contact de votre corps avec le sol... Sentez bien le contact de votre tête...

« Tout doucement vous allez décoller votre tête du sol en la soulevant d'un ou de deux millimètres, pas davantage... Vous marquez un léger temps d'arrêt, une ou deux secondes, et vous laissez votre tête retomber sur le sol... Si vous la soulevez trop haut, vous risquez de vous faire mal et vous n'oserez plus, du même coup, la relâcher complètement.

« Alors que vous décollez votre tête du sol, prenez conscience de son poids avant de la relâcher et, si c'est possible, sentez quels muscles se contractent (travaillent) pour la soulever... (Où est-ce que ça tire?) » (Mouvement à répéter trois fois.)

« A présent, vous laissez votre tête rouler sur le côté... Puis, en inspirant, vous ramenez lentement votre tête face au plafond, et au moment d'expirer (de souffler), vous la laissez rouler de l'autre côté... A nouveau vous inspirez et vous tournez la tête... et sur l'expiration vous la laissez rouler de l'autre côté, sans la retenir, sans la pousser, comme si elle roulait toute seule sur le sol... Vous la faites rouler trois fois dans un sens et trois fois dans l'autre sens... » (Environ.)

« A la fin vous replacez votre tête face au plafond... » (L'important dans cet exercice est de bien abandonner la tête au moment de l'expiration afin d'obtenir une bonne détente des muscles du cou.)

La reprise

(Voir exercice 10, 2e séance.)

Première verbalisation

Aussitôt après la reprise, on peut demander aux enfants s'ils ont quelque chose à dire à propos de cette première partie de la séance. Nul doute que le « contrôle de la passivité » aura éveillé de nouvelles sensations (de plaisir ou de déplaisir) qu'il sera important d'exprimer pour eux-mêmes. Quant à ceux qui auront refusé le « contrôle » (s'il y en a), il sera toujours profitable pour eux d'écouter les propos de leurs camarades, propos qui devraient, en principe, les encourager à l'accepter la prochaine fois.

Travail debout

On peut reprendre pendant quelques instants l'exercice 2, le « Bof », puis enchaîner avec :

Exercice 17 : le pantin
Il est indispensable que le maître ou la maîtresse « montre » cet exercice, c'est-à-dire l'exécute devant les enfants pendant quelques instants. Cela nécessite qu'ils l'aient eux-mêmes « travaillé » très souvent auparavant (la démonstration devant être concluante).
Pour faciliter la compréhension et l'exécution du « pantin », on peut aussi s'aider d'une grosse poupée de chiffon : en lui faisant effectuer des sautillements, les enfants verront ce que provoque l'abandon de la tête et des épaules de la poupée. Sous l'effet des petits bonds, la tête, les épaules et les bras « voltigent » dans tous les sens, tel un « pantin désarticulé ».
« Vous vous tenez debout, pieds légèrement écartés (de la largeur de votre bassin), la tête tombant sur le thorax et la bouche entrouverte; ne vous penchez pas en avant. Imaginez que vous avez de

petits ressorts sous les pieds qui vont vous propulser en l'air; alors vous vous mettez à sautiller rapidement sur la pointe des pieds, en laissant votre tête, vos épaules et vos bras complètement relâchés, tout mous comme un pantin ou comme la poupée de chiffon; laissez faire... Sautillez pendant dix à quinze secondes, puis arrêtez-vous quelques instants avant de recommencer une seconde fois... » (Pas plus de deux fois.)

Au début l'exercice doit être exécuté comme un jeu (on s'amuse à faire le pantin). Il est assez rare qu'il soit exécuté parfaitement dès la première fois. Pour parvenir à un excellent abandon des épaules et surtout de la tête, il faudra persévérer en le reprenant très souvent dans les séances suivantes.
Parfaitement exécuté, il assure une excellente détente de la partie supérieure du corps, mais aussi un bon relâchement des muscles du visage, du cou et de la mâchoire inférieure.

Deuxième verbalisation

On peut demander aux enfants ce qu'ils ont ressenti après le « pantin ». On peut également leur demander d'exprimer ce qui a changé en eux entre le début de la séance et maintenant : « Comment vous sentiez-vous avant la séance et comment vous sentez-vous maintenant? »

Cinquième séance : abandon volontaire à la pesanteur

- *Durée de la séance*
  12 à 15 minutes pour les jeunes enfants (4 à 6 ans),
  15 à 18 minutes pour les enfants de 7 à 11 ans.

- *Conseils et remarques*
  – Avant d'aborder la 5ᵉ séance, le moment semble venu de préciser la « technique des exercices d'abandon volontaire à la pesanteur ». Ils s'exécutent toujours selon le même processus qui comporte six phases, toutes importantes :
  1ʳᵉ phase : Attendre l'immobilité et le silence;
  2ᵉ phase : se représenter mentalement le mouvement à faire;
  3ᵉ phase : exécuter le mouvement lentement (phase de contraction);
  4ᵉ phase : marquer un temps d'arrêt (2 ou 3 secondes);
  5ᵉ phase : lâcher subitement (phase d'abandon à la pesanteur);
  6ᵉ phase : sentir les « effets » de l'abandon (changement d'état).
  Il va de soi que ces exercices d'abandon volontaire à la pesanteur ne pourront être abordés qu'après plusieurs semaines de travail des exercices des séances précédentes.
  L'immobilité et le silence sont parfois difficiles pour certains enfants. Il est donc inutile de vouloir aller trop vite.

  – L'abandon à la pesanteur est rarement obtenu de façon parfaite dès la première fois. Le plus souvent « l'abandon » est accompagné d'une poussée des épaules vers le bas, ou bien les épaules sont retenues et ne tombent pas complètement. Il faudra reprendre l'exercice souvent avant d'obtenir un abandon réel, c'est-à-dire sans aucune retenue ni poussée des épaules : celles-ci tombent uniquement sous l'effet de la pesanteur.

  – Pour bien faire comprendre la notion « d'abandon soudain à la pesanteur », on peut demander aux enfants d'effectuer un exercice

qui sera le contraire de l'abandon soudain, c'est-à-dire un abandon lent et contrôlé :
« Montez lentement vos épaules de chaque côté de la tête... Marquez un léger temps d'arrêt... puis lentement descendez-les en contrôlant la détente, l'abandon, jusqu'à complet relâchement, laissez vos épaules descendre le plus bas possible... »
On pourra également alterner les deux façons de faire pour bien sentir la différence dans l'exécution mais aussi la différence des sensations procurées.

– *Remarque sur le « temps d'arrêt » :* L'importance du « temps d'arrêt » doit être ici soulignée : en effet c'est lui qui prépare la chute, c'est-à-dire l'abandon à la pesanteur qui doit être soudain, subit. C'est le temps de passage, de transition entre la phase de tension-contraction et la phase d'abandon-relâchement. Il faut donc scrupuleusement le respecter afin de bien marquer ce changement de phase.

– A souligner également l'importance du temps qui suit l'abandon (6e phase). C'est ce temps qui permet d'observer et de constater les nouvelles sensations, le changement éventuel d'état, qui permet d'être à l'écoute de son corps.
Il est essentiel de le respecter après chaque abandon même s'il est très court (5 à 10 secondes).
En recommençant le mouvement aussitôt après la phase d'abandon sans prendre le temps d'observer et de constater, on risque fort de passer complètement à côté de l'essence même de ce travail.

Travail debout

Reprendre les exercices 17 : le pantin; 2 : le « Bof » et 7 : étirement contrôlé; continuer avec :

Exercice 18 : montée contrôlée des épaules
« A présent, je vous propose une autre façon de détendre les épaules. Si c'est possible, vous fermez les yeux et vous ne bougez plus, vous restez debout, immobiles, les pieds légèrement écartés. Vous portez votre attention sur vos épaules, c'est-à-dire vous les sentez, puis

vous imaginez que vous les soulevez le plus haut possible de chaque côté de la tête.

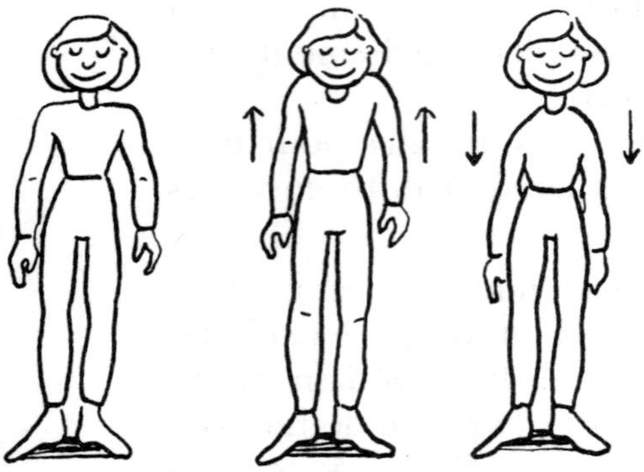

« Maintenant que vous l'avez imaginé, laissez vos épaules monter lentement avec le minimum d'effort; vos bras et vos mains sont relâchés, tout mous, l'effort ne venant que des épaules. Lorsque vos épaules sont très hautes, vous marquez un temps d'arrêt (2 ou 3 secondes), et puis d'un seul coup, " toc ", vous les laissez retomber toutes seules, sans les retenir et sans les pousser. Elles tombent par leur propre poids... Vous observez alors ce qui se passe dans vos épaules et dans votre corps.

« Attendez quelques instants avant de recommencer une seconde fois... Cette fois vous inspirez en même temps que vos épaules se soulèvent... Vous interrompez votre respiration pendant le temps d'arrêt... puis subitement vous laissez retomber vos épaules, en laissant sortir le souffle... Sentez ce qui se passe en vous... puis vous recommencez une troisième fois de la même façon – en vous guidant vous-mêmes... A la fin de l'abandon, prenez le temps d'observer ce qui a pu changer dans la sensation de vos épaules, de vos bras, de tout votre corps... Puis vous ouvrez les yeux et vous vous étirez... »

Première verbalisation

Après cet exercice, on peut demander aux enfants d'exprimer ce qu'ils ont ressenti au niveau de leurs épaules, de leurs bras, de tout leur corps. Ne rien suggérer, même s'ils ne constatent aucun changement : il est important qu'ils découvrent eux-mêmes les sensations nouvelles éprouvées dans leur corps.

Travail allongé

Commencer par les exercices 4 : points de contact sur le dos et 5 : conscience de la respiration; continuer avec :

Exercice 19 : abandon simultané des bras et des jambes associé à la respiration

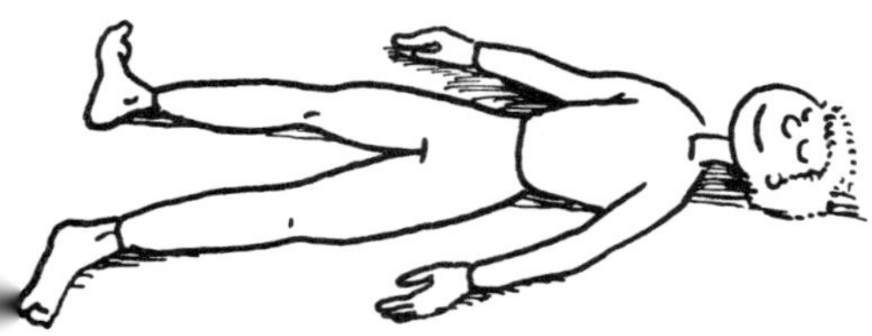

« A présent, vous portez votre attention dans vos bras et dans vos jambes... Sentez-les bien... Puis, tranquillement vous tournez vos genoux vers l'intérieur en pivotant sur les talons... Puis vous relevez légèrement les genoux en glissant sur les talons (voir exercice 9)... Gardez vos genoux relevés... Maintenant vous soulevez vos bras de chaque côté du corps (voir exercice 9) en même temps que vous inspirez profondément... Vous marquez un temps d'arrêt pendant lequel votre corps est totalement immobile et votre respiration interrompue... Puis, subitement, en même temps que vous lâchez votre souffle, vous laissez retomber bras et jambes sur le sol, sans les retenir et sans les pousser... Ils tombent tout seuls, par leur propre poids...

« Constatez ce qui se passe au niveau de vos bras et de vos jambes, avant de recommencer; mais cette fois en inversant la montée des bras et des jambes... Soulevez d'abord les bras... Gardez-les en l'air puis tournez les genoux vers l'intérieur... Remontez les genoux en inspirant... Temps d'arrêt (arrêt de la respiration et immobilité du corps)... Puis, subitement, laissez retomber bras et jambes en laissant sortir le souffle... Observez... Constatez... Vous allez refaire l'exercice une troisième fois, mais en le dirigeant vous-mêmes, c'est-à-dire que vous le faites seuls et à votre rythme; vous vous commandez à vous-mêmes les trois temps principaux de l'exercice : la montée des jambes puis des bras avec l'inspiration... le temps d'arrêt pour préparer l'abandon... la chute subite des bras et des jambes avec l'expiration... (quand c'est terminé) : sentez à nouveau vos bras et vos jambes... Tout votre corps... Constatez-vous des changements dans la sensation des points de contact avec le sol?... »

La reprise

(Voir exercice 10.)

La verbalisation

Porter toujours la même attention et le même intérêt à tout ce que les enfants expriment, sans aucun jugement. Penser à l'expression par le dessin qui est souvent plus révélatrice que les paroles. Rien n'interdit non plus l'expression écrite si certains enfants en expriment le désir.

> Si vous n'avez pas le temps de faire votre séance de relaxation active aujourd'hui, pensez à effectuer « les mouvements instinctifs de détente ».
> Ils vous feront gagner du temps!

Sixième séance : première dissociation

- *Durée de la séance*
  12 à 15 minutes pour les jeunes enfants (4 à 6 ans),
  15 à 20 minutes pour les enfants de 7 à 11 ans.

- *Conseils et remarques*
  Les dissociations, même simples, exigent une certaine capacité de concentration difficile à obtenir des tout jeunes enfants. C'est pourquoi nous ne devons pas nous presser de leur en proposer. En tenant compte des élèves de la classe, de l'entraînement qu'ils auront suivi, de leur évolution, de leur capacité à mobiliser leur attention, l'enseignant peut, seul, juger du meilleur moment pour aborder les dissociations.
  Ces réserves ne doivent pas pour autant nous rendre trop prudents ou timorés. Ne voit-on pas fréquemment des enfants de 3 ou 4 ans s'entraîner à une dissociation tout à fait amusante qui consiste à se frotter le ventre avec une main et à se taper sur la tête avec l'autre (et inversement)? Pourquoi ne pas faire une approche des dissociations avec des jeux de ce type, en particulier avec les jeunes enfants?

Travail debout

Reprendre les exercices 2 : le « Bof »; 11 : détente des mains et des poignets; 17 : le pantin et 18 : montée contrôlée des épaules; continuer avec :

Exercice 20 : montée contrôlée des bras
« Debout, pieds légèrement écartés, si possible les yeux fermés, vous prenez conscience de la sensation de vos bras; puis lentement vos bras se soulèvent devant vous (parallèles de chaque côté du corps); prenez soin de relâcher les mains et les poignets et évitez de tirer sur les bras, ceux-ci étant légèrement pliés au coude;

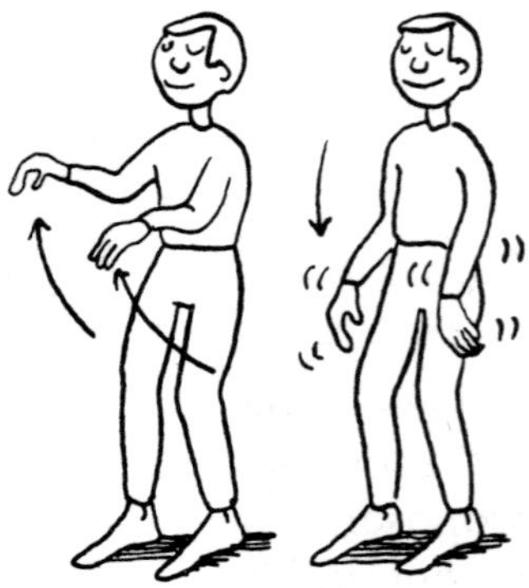

les bras se soulèvent jusqu'à ce que les mains arrivent à la hauteur des épaules (bras à l'horizontale)... A ce moment, vous marquez un léger temps d'arrêt, puis, d'un seul coup, vous les laissez tomber de chaque côté du corps, sans les pousser et sans les retenir : ils tombent par leur propre poids et vous les laissez se balancer librement jusqu'à ce qu'ils s'immobilisent d'eux-mêmes... C'est seulement lorsque les bras se sont complètement immobilisés que vous pouvez à nouveau les laisser se relever une seconde fois en y associant si vous voulez la respiration ; les bras montent sur l'inspiration... Marquez un temps d'arrêt pendant lequel vous interrompez votre respiration puis, subitement, en même temps que vous laissez sortir le souffle, vous laissez tomber vos bras librement... Attendez l'immobilité complète avant de recommencer une dernière fois en vous guidant vous-mêmes... »

Dans cet exercice il est important de veiller à quelques détails :
– les bras ne doivent pas être trop rapprochés l'un de l'autre car, en retombant, ils viendraient heurter les cuisses et s'immobiliseraient immédiatement, alors que le but recherché est de les laisser se balancer librement de chaque côté du corps ;
– le soulèvement des bras ne doit pas entraîner le soulèvement des épaules ni entraîner une participation de la tête. Les bras ne doivent souffrir d'aucune raideur, d'où la consigne de les incurver légèrement au niveau des coudes ; mains et poignets doivent être relâchés (mous).

Travail allongé

Commencer par les exercices
4 : sensation des points de contact sur le dos ;
5 : prise de conscience de la respiration ; continuer avec :

Exercice 21 : dissociation droite-gauche de la chute des bras et des jambes

« A présent, vous allez tranquillement soulever vos deux bras de chaque côté du corps, à vingt centimètres environ,

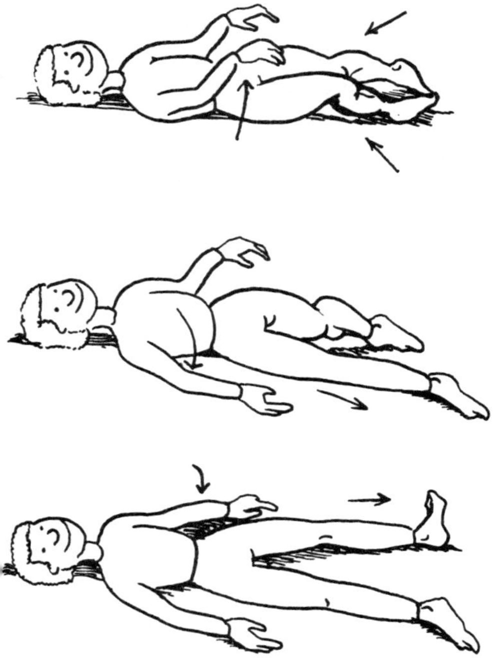

et les garder en l'air... Puis vous tournez vos genoux vers l'intérieur en pivotant sur les talons... Vous remontez légèrement les genoux en traînant les talons sur le sol... A mon premier signal, quand je dirai “ top ”, vous laisserez tomber uniquement votre côté droit, c'est-à-dire votre jambe et votre bras droits et à mon deuxième signal vous laisserez tomber votre bras et votre jambe gauches... Préparez dans votre tête le relâchement du côté droit... “ top ”, laissez tomber jambe et bras droits... “ top ”, laissez tomber jambe et bras gauches... observez vos bras et vos jambes relâchés... Nous allons recommencer, mais cette fois au premier signal vous abandonnerez le côté gauche, et au second signal le côté droit... Soulevez les bras... tournez les genoux, remontez-les... Préparez la chute du côté gauche... “ top ”... Puis, “ top ”... laissez tomber le côté droit... Vous pouvez recommencer une troisième fois en vous guidant vous-mêmes et en choisissant quel côté vous laisserez tomber en premier... » (Lorsque l'exercice est terminé) : « Reprenez conscience de la sensation des points de contact de votre corps avec le sol. Constatez-vous des changements?... »

▹ *Remarque :* Ce premier exercice de dissociation, apparemment simple, ne sera peut-être pas réussi par tous les enfants dès la première fois car il demande, d'une part, une connaissance de la droite et de la gauche, et d'autre part, un certain effort de concentration afin de bien dissocier la droite de la gauche. C'est pourquoi nous insistons sur le temps de « préparation mentale » : « Préparez dans votre tête le relâchement... » qui facilite beaucoup l'exécution du mouvement. On s'abstiendra évidemment de tout commentaire négatif à l'égard des enfants qui « échouent ». On constatera simplement leur difficulté à se concentrer et à dissocier, d'où la nécessité de reprendre souvent ces exercices de dissociation qui assurent une véritable éducation de l'attention.

La reprise

(Voir exercice 10.)

La verbalisation

Au cours de cette verbalisation, il sera intéressant de demander aux enfants si la chute dissociée du côté droit et du côté gauche leur a paru difficile et pourquoi.

> Si vous n'avez pas le temps de faire votre séance de relaxation active aujourd'hui, pensez à effectuer « les mouvements instinctifs de détente ».
> Ils vous feront gagner du temps!

Septième séance : le trajet

▸ *Durée de la séance*
12 à 15 minutes pour les jeunes enfants (4 à 6 ans),
15 à 20 minutes pour les enfants de 7 à 11 ans.

▸ *Conseils et remarques*
– La technique de « l'enfant boudeur » peut paraître difficile au début, surtout pour les adultes. Pour en faciliter la compréhension et l'exécution, il est possible de faire appel à quelques images. Par exemple à « l'enfant qui boude » ou à une danse que l'on pratiquait autrefois avec un cerceau autour de la taille et qu'on devait faire tourner par un mouvement de rotation du bassin : le houla-hoop. Mieux encore, la poupée de chiffon, à qui l'on donnera une impulsion au niveau de la taille, montrera bien ce qu'on attend au niveau des bras. Enfin, l'image la plus efficace reste la démonstration faite par l'adulte.

– On peut aussi, pour faciliter l'approche de « l'enfant boudeur », commencer par entraîner le bassin dans des rotations régulières en posant ses mains sur les hanches. Lorsque la rotation a été bien comprise et bien ressentie, on peut laisser tomber les bras et les relâcher. Il s'ensuit une sorte de balancement-bercement des bras autour du corps, constituant la première étape vers « l'enfant boudeur ».

– Pour les jeunes enfants, le petit qui boude est une image familière. On jouera donc à « l'enfant qui boude » en laissant tomber la tête sur le thorax. Au début, il arrive fréquemment que les bras soient « moteurs » dans la rotation du bassin. Ce n'est que progressivement qu'on insistera sur la passivité des bras et la capacité à les laisser faire « ce qu'ils veulent », tandis que le mouvement et l'impulsion viendront uniquement des jambes et du bassin.

Travail debout

Important : Penser à prendre tout son temps.
Commencer par les exercices 7 : étirement contrôlé ; 17 : le pantin et 18 : montée contrôlée des épaules ; continuer avec :

Exercice 22 : l'enfant boudeur

« Vous vous tenez debout, les pieds légèrement écartés (de la largeur du bassin), les bras relâchés le long du corps. Par une impulsion latérale venant des jambes, vous imprimez autour de l'axe du corps une rotation du bassin qui entraîne vos bras que vous gardez relâchés. Vous laissez vos bras se balancer librement sous l'effet de la rotation du bassin jusqu'à ce qu'ils s'immobilisent d'eux-mêmes... Alors, vous redonnez une nouvelle impulsion à vos jambes qui entraînent votre bassin dans une rotation qui propulse en l'air vos bras relâchés.

« Tantôt vous donnez l'impulsion vers la droite, tantôt vers la gauche... N'essayez surtout pas de retenir vos bras, laissez-les se balancer " comme ils veulent "... Il faut donner une seule impulsion à la fois et laisser faire. Il ne s'agit pas d'imprimer une rotation régulière du bassin qui ressemblerait à un balancement, il s'agit au contraire d'un aller-retour rapide du bassin. »

Travail allongé (sur le dos)

Reprendre tout ou partie des exercices 4 : points de contact sur le dos ; 5 : conscience de la respiration ; 19 : relâchement simultané des bras et des jambes associés à la respiration ; puis, après quelques instants de silence et d'immobilité pour bien sentir son corps sur le sol, enchaîner avec :

Exercice 23 : le trajet

« A présent je vous propose un petit jeu que vous allez faire sans bouger, comme vous êtes en ce moment. Imaginez un point (ou une petite voiture) qui se déplacerait sur votre corps suivant un trajet (chemin, parcours) que je vais vous indiquer. Ce point (ou cette petite voiture) va se déplacer lentement. A vous de suivre par la pensée son déplacement, sans que vous ayez à bouger. Voilà : je commence.

« Le point se trouve au départ au sommet de votre gros orteil du pied droit. Il va lentement se déplacer pour se diriger vers votre cheville droite, il est parti... Arrivé à votre cheville, il va remonter le long de votre jambe en direction du genou... Son déplacement se fait lentement et sans saccade, d'une manière régulière et continue... Arrivé au genou, il remonte la cuisse en direction de la hanche droite... Puis, de là, il remonte sur le côté du thorax en direction de l'aisselle... Arrivé sous l'aisselle, il contourne l'épaule droite et arrive au sommet de l'épaule... Maintenant il va descendre le long du bras droit en direction du coude... Arrivé au coude, il suit l'avant-bras jusqu'au poignet... Il contourne le poignet et se dirige vers le creux de la main... Après quoi, il va terminer son trajet à l'extrémité du majeur, qui est l'arrivée...

« A présent je vous propose de faire faire à ce point (ou à cette petite voiture) le chemin inverse, c'est-à-dire de partir du majeur pour arriver au gros orteil droit, en empruntant le même parcours. Vous le faites seuls, sans mon aide et à votre rythme, en veillant toutefois à ne pas aller trop vite et à sentir le point se déplacer de manière continue et régulière sur votre corps... Lorsque le point sera parvenu au gros orteil, vous me l'indiquerez en remuant légèrement le pied droit. Quand vous vous sentez prêts, vous commencez... »

▷ *Remarques sur le « trajet » :*

– Suivant l'âge des enfants, on pourra suggérer « un petit train qui se déplace » ou « une petite voiture » ou « un point ». Présenté comme un petit jeu, « le trajet » rencontre en général une adhésion enthousiaste des enfants.

– Il va de soi que cet exercice ne pourra s'exécuter qu'après s'être assuré que les enfants connaissent parfaitement toutes les parties du corps parcourues par le point (gros orteil, hanche, aisselle, majeur, etc.)

– Outre les sensations ressenties le long du trajet, l'intérêt de cet exercice réside dans l'obligation de fixer sa pensée dans le déplacement du point, et constitue ainsi un excellent entraînement à l'éducation de l'attention sans tension.

– L'observation du « trajet retour » qui se fait sans aide, sans accompagnement du maître ou de la maîtresse est toujours riche d'enseignements. Il permet en particulier d'apprécier le rythme de chaque enfant, mais également leur degré d'anxiété et leur capacité à s'autonomiser. On verra alors les plus anxieux terminer leur trajet au bout de quelques secondes.

La reprise

(Voir exercice 10.)

La verbalisation

Nul doute que l'exercice du trajet ne suscite une floraison d'observations de la part des enfants. Observations qui permettront de constater les difficultés plus ou moins grandes qu'ont certains enfants à fixer leur attention, à ralentir leur rythme, à observer un mouvement continu.
Là encore, on s'abstiendra de tout jugement, mais il pourra être utile de retenir les différentes remarques des enfants.

Huitième séance : le plongeon

▶ *Durée de la séance*
12 à 15 minutes pour les jeunes enfants (4 à 6 ans),
15 à 20 minutes pour les enfants de 7 à 11 ans.

▶ *Conseils et remarques*
– Avant d'expliquer la technique du plongeon il est nécessaire de l'exécuter devant les enfants plusieurs fois. C'est pourquoi il est indispensable de l'avoir « travaillé » soi-même très souvent et de le maîtriser parfaitement.

– Cet exercice a pour but l'abandon de la partie supérieure du corps à la pesanteur (buste et tête). Au début, l'abandon réel est rarement obtenu. On s'aperçoit que notre corps oppose une plus ou moins grande résistance à cet abandon. Il faudra donc reprendre cet exercice très souvent et comme un jeu.

– Il est important que « le plongeon » s'exécute au rythme de la respiration. En particulier, lorsqu'on laisse « tomber » le buste et la tête, il faut aussi « laisser tomber » le souffle, le laisser « s'abandonner », sortir tout seul.

– Au bout d'un certain temps de pratique, le plongeon peut être accompagné d'une autosuggestion positive : ainsi, lorsque je « plonge » et que je laisse sortir le souffle, je peux m'autosuggérer qu'à travers ce souffle je chasse toutes mes émotions négatives (soucis, chagrin, tensions, angoisse, peurs...).
Utilisée d'une manière ponctuelle, l'autosuggestion positive peut dans certains cas se montrer très efficace. N'hésitez pas à l'expérimenter.

– Quels que soient les exercices, il nous semble à nouveau important de souligner qu'on ne doit jamais, dans un premier temps, exiger la perfection technique. Celle-ci ne s'atteint qu'avec beaucoup de patience, et surtout par un entraînement régulier. Au début, chacun fait ce qu'il peut. Les progrès, dans l'exécution des exercices, se constatent séance après séance pour peu qu'on reprécise à chaque fois les consignes d'une manière juste. Si on juge nécessaire parfois de faire quelques remarques individuelles à des enfants qu'on trouve par trop « maladroits », ces remarques ne doivent jamais être négatives, mais plutôt encourageantes. On insistera davantage sur ce que ces enfants-là réussissent le mieux, et en leur faisant confiance à propos de ce qui « va moins bien ». La maîtrise des mouvements est une appropriation lente dont le rythme varie selon chaque enfant.

Travail debout

Reprendre les exercices 11 : détente des mains et des poignets; 2 : le « Bof »; 17 : le pantin; 22 : l'enfant boudeur; continuer avec :

Exercice 24 : le plongeon
« Vous placez une jambe devant l'autre, genoux légèrement pliés, jambes souples, sans raideur... Puis vous vous penchez en avant, buste, tête et bras relâchés... Pensez à bien relâcher votre tête... En inspirant par le nez, vous relevez lentement le buste en laissant vos bras mous et en gardant le menton sur le sternum... lorsque le buste est à la verticale, vous relevez lentement la tête dans l'axe puis, soudainement au moment d'expirer (de souffler), vous laissez retomber le buste et la tête en avant, comme si vous plongiez... Ne vous occupez pas des bras, laissez-les se balancer librement... Puis, lorsque vous éprouvez le besoin d'inspirer à nouveau, vous relevez lentement le buste et la tête jusqu'à la verticale, et à nouveau, au moment d'expirer, vous replongez...

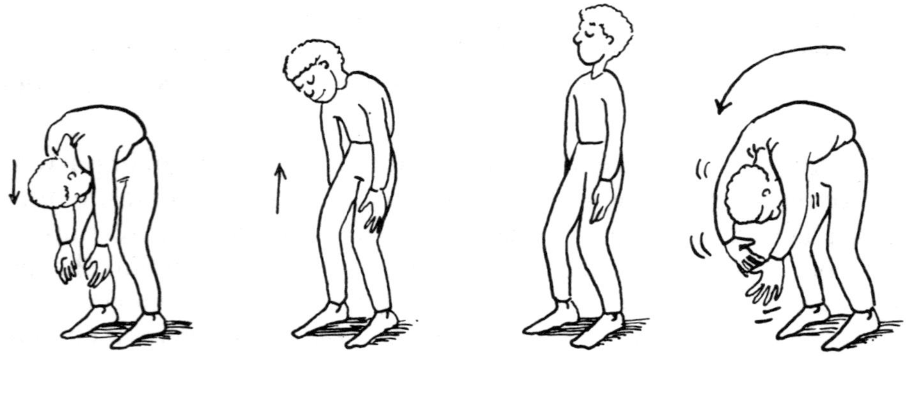

En laissant tomber le buste et la tête, laissez sortir le souffle par la bouche sans le forcer... Il sort aussi librement que vous laissez tomber la partie supérieure du corps, sans poussée et sans retenue... Puis vous recommencez une troisième fois; relevez le buste puis la tête en inspirant... Puis « plongez » en laissant sortir le souffle... Après le troisième plongeon, relevez-vous lentement, gardez le menton sur le sternum... Enfin, vous relevez tout doucement la tête; gardez les yeux fermés quelques instants... Prenez le temps de sentir votre corps... puis vous ouvrez les yeux. »

Travail allongé

Commencer par les exercices 4 : points de contact sur le dos; 5 : conscience de la respiration et 21 : dissociation droite-gauche de la chute des bras et des jambes; continuer avec :

Exercice 25 : dissociation croisée de l'abandon des bras et des jambes

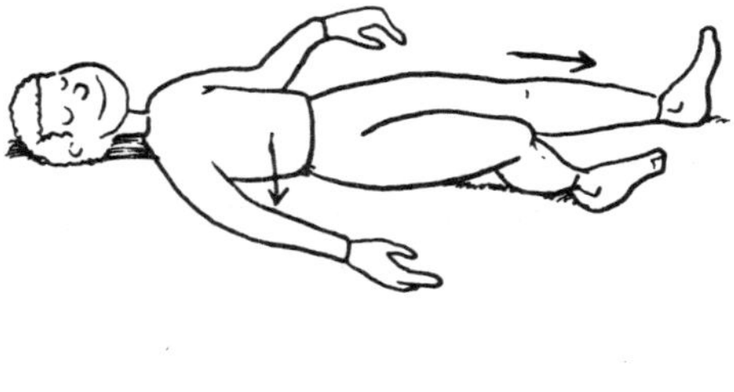

« A présent, ce que je vais vous proposer est un petit peu plus difficile. Cela va vous demander un peu plus d'attention. Pour vous aider, je vous suggère d'imaginer, de vous représenter mentalement l'exercice avant de le faire réellement. Commencez par soulever vos deux bras de chaque côté du corps, comme dans l'exercice précédent... Puis vous rapprochez les pointes des pieds jusqu'à ce qu'elles se touchent, vous remontez légèrement les genoux en glissant sur les talons; et cette fois, au premier « top » vous laisserez tomber le bras droit et la jambe gauche. Au deuxième « top », vous laisserez tomber le bras gauche et la jambe droite. Avant de le faire, imaginez et sentez ce qui va se passer... Attention, d'abord bras droit et jambe gauche... « Top »... et mainte-

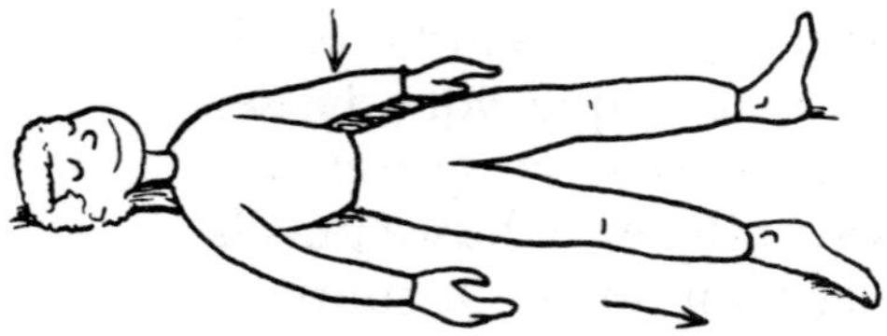

nant bras gauche et jambe droite... " Top "... « Si vous vous êtes trompés, ce n'est pas grave, nous allons recommencer, et cette fois prenez davantage de temps pour vous représenter dans la tête ce qui va se passer...
« Soulevez les bras, poignets et mains relâchés... rapprochez les pointes de pied... montez les genoux... Préparez dans votre tête l'abandon du bras droit et de la jambe gauche... Top... Maintenant la chute du bras gauche et de la jambe droite... Top...
« Vous allez le faire une dernière fois, mais en inversant l'ordre des chutes... Soulevez les bras... remontez les genoux... Préparez dans votre tête l'abandon du bras gauche et de la jambe droite... Top... Puis l'abandon du bras droit et de la jambe gauche... Top... Ne vous inquiétez pas si vous n'avez pas réussi, cela viendra plus tard.
« Maintenant, si vous en avez envie, vous pouvez recommencer l'exercice en vous dirigeant tout seuls. Vous vous commandez à vous-mêmes la montée des bras et des jambes ainsi que la chute croisée d'un bras et d'une jambe. Faites-le à votre rythme et en prenant tout votre temps... »

▷ *Remarques sur l'exercice 25 :* Apparemment simple, cet exercice de dissociation exige une grande attention. C'est une autre façon de l'éduquer, de l'exercer. D'autre part, la « représentation mentale » de l'exercice, si elle facilite son exécution, n'est sans doute pas possible à tous les âges, en particulier chez les moins de 7 ans. Il faudra donc adapter l'exercice en tenant compte de l'âge et des possibilités des enfants.

La reprise

Retour à la sensation des points de contact et de la respiration (voir exercice 10).

Verbalisation

Il sera peut-être nécessaire de dissiper le sentiment « d'échec » qu'aura pu provoquer l'exercice 25 chez certains enfants, et les rassurer en leur disant qu'ils y arriveront sans aucun doute plus tard.

Neuvième séance : la verticalité

▶ *Durée de la séance*
15 à 20 minutes pour les jeunes enfants (4 à 6 ans),
20 à 25 minutes pour les enfants de 7 à 11 ans.

▶ *Conseils et remarques*
– N'oubliez pas de vous reporter de temps en temps aux *Conseils et principes généraux.* A ce stade du travail, certains points qui auraient pu vous échapper ou vous paraître obscurs à la première lecture vous « accrocheront » davantage et vous deviendront à la fois plus clairs et plus familiers.

L'approche de la verticalité n'est pas toujours aisée, surtout avec les jeunes enfants. On veillera donc, pour ceux-ci, à réduire le temps consacré à la répartition du poids du corps. Ce qui nous semble important au départ c'est la prise de conscience de la sensation du contact des plantes de pied avec le sol, cet « enracinement » qui nous permet de trouver un bon équilibre. D'un côté, nous sommes reliés à la terre par nos pieds, et à l'autre extrémité nous sommes reliés au ciel par la tête. Cette image peut faciliter la prise de conscience de la verticalité.
De même, un collier de perles tenu verticalement peut évoquer la superposition « idéale » des vertèbres.
Il arrive parfois que des personnes trouvent pénible cette recherche de la verticalité (tension dans les jambes, station debout difficile, léger vertige, etc.). Il n'y a là rien d'anormal. Ce qui serait dommage, c'est de ne pas persévérer. Car on s'aperçoit après quelques séances que tout ce qui nous paraissait pénible provenait du fait que nous n'avions pas réellement trouvé notre verticalité. Une fois celle-ci découverte, nous constatons que nous pouvons nous y installer confortablement, à notre grande surprise.

– *Les mouvements passifs*
Avant d'aborder les mouvements passifs, il nous semble important de préciser les points suivants :
• Les mouvements passifs se pratiquent toujours entre deux per-

sonnes, l'une est passive, l'autre est active. Il faut, dans la mesure du possible, inverser les rôles *au cours de la même séance*, c'est-à-dire être successivement donneur et receveur.

• Les mouvements passifs poursuivent un double objectif :
Contrôler la passivité du sujet « manipulé »; vérifier qu'il « laisse faire », c'est-à-dire qu'il n'oppose aucune résistance et qu'il ne participe pas en anticipant les mouvements que le donneur imprime à ses membres ou à son corps.
Aider la personne à se relâcher si l'on perçoit chez elle des tensions ou l'impossibilité à « laisser faire ». Cette aide peut prendre la forme d'encouragements verbaux du genre : « laisse faire... laisse aller, là, c'est bien... » ou de massages légers pour favoriser la détente de la partie du corps qu'on manipule et qu'on sent tendue.

• Enfin, les mouvements passifs ne doivent se pratiquer qu'à partir du moment où l'on s'est assuré qu'une grande confiance s'est installée entre tous les participants du groupe. Cela signifie qu'il n'y a aucun intérêt à s'y engager trop vite. La confiance dans celui ou celle qui nous « manipule » est indispensable pour accepter d'abandonner nos « défenses », c'est-à-dire nos tensions. Avec les jeunes enfants, on veillera à faire travailler ensemble des « couples » qui s'aiment bien plutôt que des sujets qui se manifestent habituellement de l'hostilité. Dans tous les cas il faut solliciter et obtenir l'accord des partenaires pour ce travail à deux. Sans cet accord il sera difficile de parvenir au parfait « laisser-faire ».

Travail debout

Commencer par les exercices 22 : l'enfant boudeur; 17 : le pantin; 24 : le plongeon et 18 : montée contrôlée des épaules; continuer avec :

Exercice 26 : recherche de la verticalité
« Debout, les pieds écartés de la largeur du bassin, les bras le long du corps, souples et détendus, si possible les yeux fermés, prenez conscience de la sensation du contact de vos plantes de pied avec le sol. Sentez vos pieds collés, soudés au sol... Afin de détendre vos jambes, repoussez fortement vos genoux vers l'arrière, puis lâchez

brusquement : faites ce mouvement trois fois de suite. Ainsi, vous conservez dans vos jambes juste la tension nécessaire pour tenir debout, c'est-à-dire le minimum de tension. Puis, par un très léger et lent balancement de gauche à droite puis de droite à gauche, vous déplacez le poids de votre corps d'une jambe sur l'autre sans décoller les pieds du sol... Sentez la pression du poids se déplacer d'une jambe sur l'autre... Après quelques balancements, répartissez le poids de votre corps sur les deux jambes de façon à sentir la même pression, le même poids sous chaque pied... A présent, par des balancements lents et légers d'avant en arrière, sans décoller les talons ni les orteils, vous répartissez également le poids de votre corps sur l'avant et l'arrière des pieds... Sentez la même pression sous chaque pied... Tranquillement, vous vous redressez en étirant légèrement la colonne vertébrale vers le haut... Vous placez alors la tête juste dans le prolongement de la colonne vertébrale, de telle façon qu'elle tienne sur les épaules avec le minimum d'effort... Laissez vos épaules relâchées. Respirez calmement, sans effort...

« Imaginez à présent une ligne qui passerait par le sommet de votre tête, qui descendrait le long de votre colonne vertébrale et qui viendrait se terminer juste entre vos deux pieds : cette ligne, c'est votre verticalité... Respirez de plus en plus profondément, puis étirez-vous et ouvrez les yeux... »

▷ *Remarque :* Après cet exercice et après s'être assis au sol, nous conseillons d'interroger les enfants sur la façon dont ils ont vécu leur verticalité. Les réponses sont toujours intéressantes et renseignent sur la perception qu'ils ont de l'axe vertical. Est-il nécessaire d'insister sur l'importance de cet exercice lorsqu'on sait à quel point l'état de la colonne vertébrale influence l'état général de l'individu ? Des vertèbres correctement « empilées », une colonne droite, sont le signe d'une grande disponibilité générale, d'une grande énergie, d'un grand rayonnement, d'un meilleur équilibre, de plus de vie...

Même s'il a paru à certains enfants difficile ou « pas très agréable », cet exercice devra être souvent repris jusqu'à obtention d'une sensation d'équilibre qui sera tout à fait agréable.

Travail allongé

Exercice 27 : mouvements passifs des bras

– *Consignes données aux « sujets passifs » (receveurs) :*

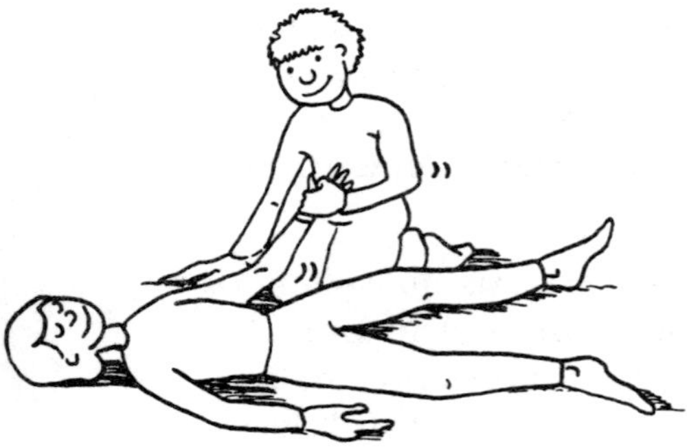

« Vous vous allongez sur le dos, le plus confortablement possible, les bras légèrement écartés du corps. Laissez votre corps se détendre, laissez-le être porté par le sol. Fermez les yeux si vous voulez, puis prenez conscience de la sensation des points de contact de votre corps avec le sol. Sentez tous les points de contact... Puis prenez conscience de votre respiration... Respirez naturellement, sans effort... Laissez faire votre respiration... Dans quelques instants, votre camarade va s'approcher de vous et va remuer votre bras droit, le soulever, le balancer, etc. Vous, vous devez vous laisser faire, c'est-à-dire ne pas résister aux mouvements qu'il vous fera exécuter, ne pas l'aider non plus à faire ces mouvements... Vous laissez votre bras, votre poignet et votre main tout mous, complètement relâchés. Après le bras droit, votre camarade s'occupera du bras gauche.

– *Consignes données aux « sujets actifs » (donneurs) :*

« Vous vous agenouillez près du bras droit de votre camarade, à la hauteur de son coude et, tranquillement, avec une main, vous faites " rouler " son avant-bras sur le sol. Celui-ci doit " rouler " librement, ainsi que la main, si votre partenaire laisse faire. Puis vous soulevez son avant-bras à quelques centimètres du sol, et vous le laissez retomber. Si l'avant-bras est détendu, il doit retomber tout seul sur le sol. Recommencez plusieurs fois pour obtenir la détente optimale.

« Vous soulevez ensuite l'avant-bras, que vous maintenez perpendiculaire au sol entre vos deux mains, puis vous le secouez plusieurs

fois dans tous les sens pour " libérer " la main et le poignet.
« Si votre camarade laisse faire, vous ne devez sentir aucune résistance, ni aucune participation de sa part.
« Puis, par l'intérieur, avec votre main droite, vous accrochez le pouce droit de votre camarade et, sentant que vous le tenez solidement, vous soulevez lentement tout son bras. Le tenant toujours fermement par le pouce, vous imprimez au bras de votre camarade des balancements, des cercles, des étirements pendant quelques instants.
« A vous de sentir s'il laisse faire. Si vous sentez des tensions, reposez le bras au sol et, avec votre main gauche, massez-lui le biceps afin qu'il " lâche ". Parlez-lui doucement pour l'aider à laisser faire. Vous pouvez aussi demander à votre camarade de tendre son bras vers le plafond et puis, subitement, de le relâcher, cependant que vous, vous le retenez toujours par le pouce pour l'empêcher de retomber sur le sol (auquel cas il se ferait mal).
« Ainsi vous pouvez ensemble sentir de façon très nette la différence entre tension et relâchement. Répétez le mouvement deux ou trois fois en veillant toujours à ne pas laisser le bras retomber sur le sol... Ensuite reposez le bras sur le sol tout en maintenant l'avant-bras perpendiculaire au sol et, avec votre main gauche, allez soulever l'épaule droite de votre camarade... Vous la soulevez puis, subitement, vous la laissez retomber sur le sol... Soulevez bien toute l'épaule jusqu'à l'omoplate... Répétez ce mouvement trois fois... Vérifiez en permanence que le bras est toujours détendu. Puis vous le reposez délicatement sur le sol en l'éloignant un peu du corps et en orientant la paume de la main vers le plafond, dans une attitude tout à la fois d'abandon, d'accueil et de réceptivité.
« Avant de passer à l'autre bras pour les mêmes exercices, laissez à votre camarade le temps de sentir la différence de sensation qu'il peut découvrir entre ses deux bras, celui qui vient d'être manipulé et celui qui ne l'a pas encore été. »

Au bout d'une à deux minutes le même travail va être reproduit sur le bras gauche dans le même ordre.
Lorsque les mouvements passifs des deux bras sont terminés, on attend quelques instants avant d'amorcer la reprise (voir exercice 10). Ces instants sont mis à profit pour solliciter à nouveau l'attention des enfants sur les sensations qu'ils éprouvent au niveau des bras, mais aussi des points de contact et de la respiration.
Après la reprise on peut : soit procéder à une première verbalisation, soit inverser immédiatement les rôles des donneurs et des receveurs. Cette dernière façon de procéder présente l'avantage d'éviter les inductions que ne manqueraient pas de provoquer les récits des premiers sujets passifs.

La verbalisation

Dans un premier temps, on peut proposer aux enfants d'échanger leurs impressions par « couple ». Ils se disent tout ce qu'ils ont envie de se dire deux par deux.
Puis, revenus en cercle, comme d'habitude, les enfants échangent collectivement. Il est intéressant de leur demander qu'ils s'expriment sur leurs deux expériences : en tant que receveur et en tant que donneur. Dans les deux situations il est probable qu'ils aient constaté et découvert beaucoup de choses. Il est également important qu'ils puissent dire si cela a été agréable ou désagréable, et pourquoi.
Comme toujours, on se gardera de tout jugement, surtout à l'égard de ceux qui auraient trouvé difficile de « laisser faire », de lâcher les tensions. On les encouragera en leur disant qu'ils y arriveront peu à peu, à condition de continuer à pratiquer ces exercices. L'apprentissage de la détente et du relâchement exige de la patience, de la persévérance et une lente maturation; il est toujours positif.

▷ *Remarque :* Si l'on souhaite faciliter la compréhension de la technique des mouvements passifs, le maître ou la maîtresse peuvent proposer une démonstration sur un enfant, les autres observant la manipulation. L'inconvénient de cette démonstration réside dans le fait que l'enfant volontaire pour être « manipulé » ne verra pas, lui, la démonstration. Il devra par conséquent commencer par être « actif » et travailler par imitation en regardant ses camarades.

Dixième séance : les cercles

▶ *Durée de la séance*
20 à 25 minutes pour les jeunes enfants (4 à 6 ans),
20 à 30 minutes pour les enfants de 7 à 11 ans.

▶ *Conseils et remarques*
– Cette séance pourra paraître longue si on s'en tient à tous les exercices proposés. Avec les jeunes enfants, on l'allégera de quelques exercices, et les « cercles symétriques » pourront être reportés un peu plus tard, car ils demandent une certaine maîtrise de soi dont ils ne sont peut-être pas encore possesseurs. A chaque enseignant d'apprécier l'opportunité de cet exercice en fonction de ses élèves et de son expérimentation personnelle. La première fois qu'on aborde les « cercles symétriques », il est souhaitable de montrer aux enfants dans quel plan les bras doivent tracer les cercles.

– Avec la poursuite des dissociations (chute alternée des épaules et des bras) et l'approche des cercles symétriques, nous touchons à ce qui nous paraît être le plus important dans la pratique de la relaxation active : l'éducation de l'attention. En effet, ces exercices exigent tout à la fois de la concentration, de la disponibilité, et permettent par leur répétition de les acquérir. Ainsi, l'attention se « travaille » grâce à ces exercices qui ralentissent et stabilisent la pensée.

– En général, et quel que soit leur âge, les enfants éprouvent beaucoup de plaisir dans la pratique des mouvements passifs. Avec l'entraînement, la confiance grandira, l'abandon sera de plus en plus profond et les « bénéfices » de plus en plus durables. Dans la mesure où l'enseignant sentira que c'est possible, il pourra proposer aux enfants de changer de temps en temps de partenaire. Cette expérience est toujours enrichissante et permet aux enfants de réduire certaines animosités qu'ils peuvent parfois ressentir les uns envers les autres.

Travail debout

Commencer par les exercices 17 : le pantin; 22 : l'enfant boudeur; 24 : le plongeon et continuer avec :

Exercice 28 : chute alternée des épaules
« Les pieds écartés de la largeur du bassin, les bras et les mains relâchés le long du corps, vous fermez les yeux si possible et vous portez votre attention dans vos épaules...
« Lentement laissez vos deux épaules monter le plus haut possible de chaque côté de la tête... Marquez un temps d'arrêt... A mon premier signal " top ", vous laisserez tomber uniquement l'épaule droite, tandis que l'épaule gauche restera soulevée. Au deuxième " top ", vous laisserez tomber l'épaule gauche. Attention, préparez la chute de l'épaule droite... " top "... A présent l'épaule gauche... " top "...
Constatez et sentez... Gardez toujours les yeux fermés et l'immobilité; vous allez recommencer, mais cette fois c'est l'épaule gauche que vous laisserez tomber la première, puis l'épaule droite. Laissez monter vos épaules, marquez un temps d'arrêt... Attention : " top "... épaule gauche... puis " top "... épaule droite...
« A nouveau, constatez et sentez ce qui se passe dans vos épaules, mais aussi dans tout votre corps... Vous recommencez une dernière fois, mais en dirigeant vous-mêmes l'exercice, et en choisissant laquelle de vos deux épaules vous laisserez tomber la première. Prenez tout votre temps et préparez soigneusement chacune des chutes dans votre tête...
« Lorsque vous aurez fini, prenez le temps de sentir ce qui a pu changer en vous... avant d'ouvrir les yeux. »
Laisser chaque enfant travailler à son rythme et attendre que tous aient terminé avant de passer à l'exercice suivant. On en profitera pour observer la qualité des dissociations au niveau des épaules.
On s'apercevra, du moins au début que, très fréquemment, la chute de la première épaule provoque plus ou moins l'amorce de la chute de l'autre épaule. Seul un travail assidu conduira à une dissociation parfaite.

Exercice 29 : chute alternée des bras

« Après vous être détendu les jambes en les remuant un peu, en marchant, reprenez la même position que dans l'exercice précédent. Fermez les yeux si vous voulez. Cette fois, je vous propose de soulever vos bras devant vous, suffisamment écartés, jusqu'à la hauteur des épaules, c'est-à-dire à l'horizontale, légèrement incurvés au niveau des coudes, mains relâchées et, comme pour les épaules de l'exercice précédent, au premier signal vous laisserez tomber le bras droit, et vous attendrez qu'il soit redevenu complètement immobile avant de laisser tomber le bras gauche... Attention... “ top ”... Laissez votre bras droit se balancer librement, attendez qu'il s'arrête tout seul, puis, lorsqu'il ne bouge plus, vous laissez tomber le bras gauche... Lorsque vos deux bras sont à nouveau immobiles le long du corps, vous recommencerez l'exercice encore deux fois, en inversant les chutes, droite et gauche, en prenant tout votre temps, en suivant par la pensée le balancement de chaque bras, et en constatant ce que vous ressentez dans vos bras et dans votre corps...

« Lorsque vous aurez fini, vous ouvrirez les yeux... »

Exercice 30 : les cercles symétriques

« Détendez-vous un peu les jambes en les secouant l'une après l'autre... Puis revenez à la position précédente, pieds écartés de la largeur du bassin, bras détendus le long du corps... Si c'est possible, vous fermez les yeux... Prenez conscience de la sensation du contact de vos plantes de pied avec le sol... c'est un peu comme si vous vouliez vous enraciner dans le sol, comme si vous étiez soudés au sol... Laissez vos jambes se détendre et conserver juste la tension nécessaire pour rester debout... Pensez à laisser aussi vos épaules et votre visage se détendre... Laissez votre respiration se faire tranquillement... Placez votre tête dans l'axe de votre colonne vertébrale et, par un léger étirement de la colonne vertébrale, retrouvez votre verticalité...

« Très lentement vos deux avant-bras se soulèvent devant vous, jusqu'à l'horizontale, les mains ouvertes se faisant face, les coudes restant proches du corps... Imaginez que vous tenez entre vos deux mains un gros ballon tout léger... Portez votre attention dans vos deux

mains... Observez s'il se passe quelque chose dans vos mains et entre vos mains... Vos doigts sont légèrement écartés les uns des autres et légèrement tendus... Laissez lentement vos mains se rapprocher l'une de l'autre, puis monter devant vous jusqu'à la hauteur du visage... puis s'écarter lentement dans un mouvement régulier et continu... puis redescendre sur les côtés... puis se rapprocher à nouveau... puis s'élever devant vous... formant ainsi deux cercles symétriques avec vos bras, les mains étant toujours face à face... Laissez maintenant vos bras tracer des cercles dans l'espace dans un mouvement lent et continu... Observez la forme de vos deux cercles symétriques... Laissez-les devenir de plus en plus jolis, harmonieux, agréables...

« Si vous sentez que c'est possible, laissez maintenant vos bras changer de sens et tracer dans l'espace deux autres cercles symétriques qui tournent dans l'autre sens...

« N'oubliez pas de respirer tranquillement... Au bout de quelques cercles vos bras s'arrêtent... vos mains se retrouvent face à face à la hauteur de la taille... Prenez le temps d'observer ce qui se passe dans vos mains... Vérifiez la position de vos épaules... la tension dans vos jambes... dans votre visage... Puis, lentement, vos deux avant-bras redescendent le long du corps... Retrouvez la sensation de contact de vos plantes de pied avec le sol... Retrouvez la sensation de votre respiration... Progressivement vous laissez votre respiration s'amplifier... Vous remuez le bout des doigts... et, avant d'ouvrir les yeux, vous vous étirez longuement, vous bâillez et vous soupirez, autant que vous en avez envie... »

Première verbalisation

Étant assis sur le tapis et en cercle, laisser les enfants exprimer leurs observations, leurs sensations, peut-être aussi leurs difficultés dans les dissociations. Ces difficultés ne seront sans doute pas sans rapport avec les difficultés scolaires. Grâce aux dissociations, on peut espérer une amélioration de l'attention, ainsi qu'une diminution de l'instabilité.

D'où la nécessité de les pratiquer fréquemment et, si possible, régulièrement. Il en est de même pour les « cercles », dont seule la répétition est susceptible de nous révéler tout ce qu'ils peuvent nous apporter sur un plan personnel. *Il est rare que nous tirions tous les « bénéfices » d'un exercice dès la première fois.* La persévérance est toujours « payante » dans la relaxation active.

Travail allongé

Exercice 31 : mouvements passifs des jambes

– *Consignes données aux « sujets passifs » (receveurs) :*

Ce sont les mêmes que celles de l'exercice 27, à ceci près qu'on précise ici qu'il s'agit des mouvements passifs au niveau des jambes.

– *Consignes données aux « sujets actifs » (donneurs) :*

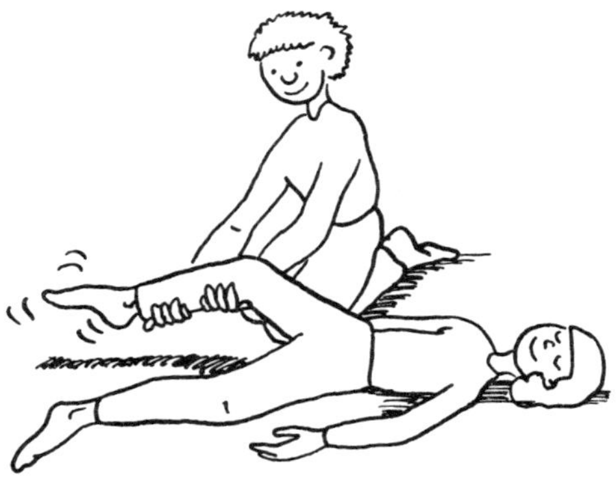

« Vous vous agenouillez tout près de la jambe droite de votre camarade, côté extérieur, à la hauteur de son genou. Glissez votre main gauche sous le genou, puis soulevez-le de quelques centimètres, et relâchez-le. Vous constaterez ainsi si la jambe est relâchée ou tendue. Faites ce mouvement plusieurs fois jusqu'à ce que la jambe retombe d'elle-même. Puis, la main toujours sous le genou, vous soupesez la jambe pour vérifier sa lourdeur lorsqu'elle est relâchée. Puis, avec l'autre main placée juste au-dessus de la cheville, vous soulevez toute la jambe au-dessus du sol. Par des impulsions légères et rapides exécutées dans le plan horizontal, vous secouez le pied, qui, s'il est détendu, bouge à la plus imperceptible des impulsions. Par cette manœuvre, vous détendez la cheville et vous libérez le pied. Ne le faites pas trop longtemps car cette manœuvre, vous le sentez, est fatigante...

« Enfin, vous rapprochez votre main droite de votre main gauche (qui est

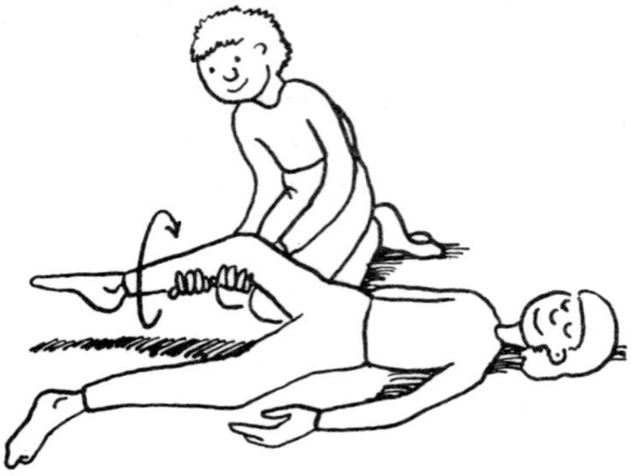

restée sous le genou) et, laissant reposer vos avant-bras sur vos cuisses (pour soulager le poids de la jambe), vous allez faire " rouler " la jambe de votre camarade entre vos mains par un simple mouvement de fermeture et d'ouverture de celles-ci... Fermez; ouvrez les mains; la jambe tourne sur elle-même au-dessus du sol, indépendante du reste du corps. Vous pouvez d'ailleurs la regarder tourner au niveau de l'articulation de la hanche. Si la jambe est bien détendue, elle " tourne " librement.
Veillez à garder le genou surélevé par rapport au pied, cela facilite l'abandon.
« " Roulez " la jambe deux ou trois minutes, puis reposez-la délicatement sur le sol.
« Si votre manœuvre a été efficace, vous constaterez que l'angle formé par le bord externe du pied et le sol a sensiblement diminué; avant de passer à la jambe gauche, laissez le temps à votre camarade de constater s'il sent une différence entre la jambe qui vient d'être manipulée et celle qui ne l'a pas encore été... Puis vous faites les mêmes manœuvres sur l'autre jambe... »
Lorsque l'exercice est terminé, laisser les « sujets passifs » reprendre conscience des points de contact, de la respiration, puis amorcer la reprise.
Comme pour les mouvements passifs des bras, on peut, soit procéder à une première verbalisation, soit inverser immédiatement les rôles et repousser la verbalisation à la fin de la séance.

La verbalisation

Procéder comme pour les bras, en deux temps.
Nul doute que les enfants feront de nombreuses découvertes qui enrichiront la conscience qu'ils ont de leur propre corps. L'image, le fonctionnement du corps commencent à prendre un sens.
Laissons les enfants s'exprimer librement et considérons la diversité de leurs sensations comme positive pour tout le groupe.
Ne pas oublier de recourir de temps en temps au dessin.

Onzième séance : la relaxation, assis

- *Durée de la séance*
  20 à 25 minutes pour les jeunes enfants (4 à 6 ans),
  25 à 30 minutes pour les enfants de 7 à 11 ans.

- *Conseils et remarques*
  – Jusque-là les exercices proposés s'effectuaient soit en position « debout », soit en position « allongé » sur le sol. Il est possible, comme on va le voir, de travailler aussi dans la position « assis » sur une chaise. Cette dernière position peut être utilisée quand, par exemple, nous n'avons pas, pour des raisons matérielles, la possibilité de nous allonger. Mais il arrive aussi parfois que certaines personnes se relaxent mieux dans cette position que dans la position « allongé » ou « debout ». Il est donc important d'expérimenter le travail assis, d'en connaître les avantages et les limites.
  Nous conseillons d'utiliser des chaises en bois, adaptées à la taille des enfants. Il est indispensable, étant assis au fond de la chaise, que les pieds reposent à plat sur le sol ou sur un objet plat et dur. (Par exemple, si les pieds ne reposent pas au sol, on pourra glisser sous ceux-ci des annuaires ou un petit banc, afin que les jambes puissent se relâcher.)
  – Dans la relaxation « assis », nous retrouvons un certain nombre d'exercices que nous avons déjà eu l'occasion d'effectuer dans la position « debout ». Certains enfants et même certains adultes trouvent une meilleure stabilité dans la position « assis » que dans la position « debout » pour exécuter les mouvements. C'est pourquoi il est tout à fait possible de proposer le travail « assis » plus tôt dans le temps que nous l'envisageons ici, c'est-à-dire dès la 4ᵉ ou 5ᵉ séance. Dans ce cas, on prendra soin de l'alterner avec le travail « debout », satisfaisant ainsi toutes les préférences et toutes les expériences individuelles des enfants.
  Chacun peut et doit trouver au cours d'une séance des exercices qui conviennent mieux à son tempérament personnel que d'autres; c'est pourquoi nous en proposons de nombreux et variés à toutes

les séances. Cependant, l'expérience montre que, parfois, un exercice pas très bien ressenti la première et la deuxième fois se découvre très différemment la troisième fois, révélant des sensations et des satisfactions inconnues jusque-là. D'où l'importance de reprendre souvent les mêmes exercices.

Exercice 32 : recherche de la meilleure position sur une chaise

« Je vous propose de vous asseoir sur votre chaise et de chercher par tâtonnements (les yeux fermés) la position assise la plus confortable pour vous. Trouvez une position dans laquelle vous pensez pouvoir rester très longtemps sans fatigue. Essayez-en plusieurs jusqu'au moment où vous aurez trouvé la meilleure.

« Lorsque vous l'avez trouvée, restez dans cette position et ne bougez plus. Attendez que tout le monde ait trouvé sa meilleure position...

« Maintenant que tout le monde a trouvé, vous restez immobiles, mais vous ouvrez les yeux et vous regardez vos camarades.

« Regardez comment chacun a placé ses jambes, ses bras et ses mains, son dos et sa tête. Constatez les différences et les similitudes. Voyez la grande diversité des positions...

« A présent, je vous propose de vous asseoir au fond de votre chaise, le dos contre le dossier, les pieds à plat sur le sol, les mains posées sur les cuisses, la tête dans l'axe de la colonne vertébrale. »

Exercice 33 : sensation des points de contact, assis

« Fermant les yeux, vous prenez conscience de la sensation de contact de vos plantes de pied sur le sol, sentez bien ce contact... laissez vos jambes peser sur ce contact... Puis vous observez le contact de vos cuisses et de vos fesses avec la chaise...

« Laissez votre corps s'alourdir dans ces contacts... Prenez conscience du contact de votre dos avec le dossier de la chaise... Laissez tout votre corps se détendre à travers tous ces points de contact...

« Sentez enfin le contact de vos mains sur les cuisses.

« Laissez vos bras se relâcher et peser à travers le contact de vos mains sur vos cuisses...

« Respirez calmement, sans effort, tout en observant qu'à chaque fois que vous expirez (soufflez) vous pouvez laisser votre corps se détendre davantage, c'est-à-dire devenir plus lourd à travers tous les points de contact...

« Puis vous respirez de plus en plus fort... Vous vous étirez et vous ouvrez les yeux... »

Exercice 34 : abandon des bras, assis

« Reprenez la position " assis " au fond de la chaise, pieds à plat sur le sol, mains sur les cuisses. Fermez les yeux... Lentement vous soulevez vos bras au-dessus des cuisses jusqu'à la hauteur des épaules, mains relâchées, bras légèrement incurvés au niveau des coudes... Vous marquez un temps d'arrêt... Puis, subitement, vous laissez vos bras retomber sur les cuisses... Constatez... avant de recommencer encore deux fois cette montée et cet abandon des bras sur les cuisses... Prenez toujours le temps de sentir ce qui se passe après l'abandon des bras, c'est le moment le plus important... »

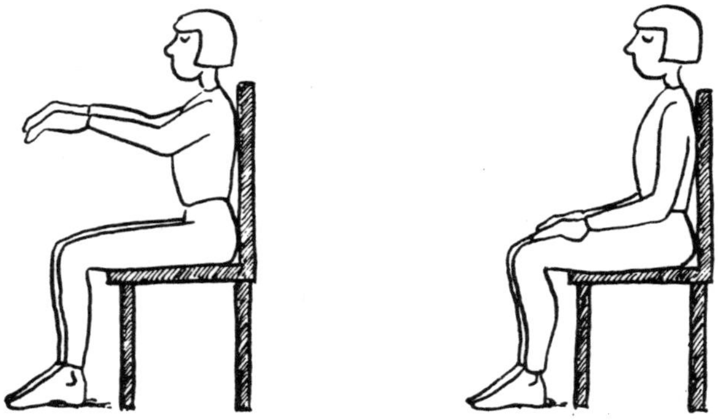

Exercice 35 : abandon des épaules, assis

« A présent, vous laissez vos bras pendre de chaque côté de la chaise et, fermant les yeux, vous portez votre attention dans vos épaules... Lentement, laissez monter vos épaules de chaque côté de la tête, le plus haut possible, en veillant à laisser vos bras et vos mains relâchés... Vous marquez un temps d'arrêt puis, subitement, vous laissez retomber vos épaules... Constatez ce qui se passe dans vos épaules, dans vos bras, mais aussi dans tout votre corps... Puis vous recommencez deux autres fois, en prenant tout votre temps et, si vous le souhaitez, vous pouvez associer la respiration

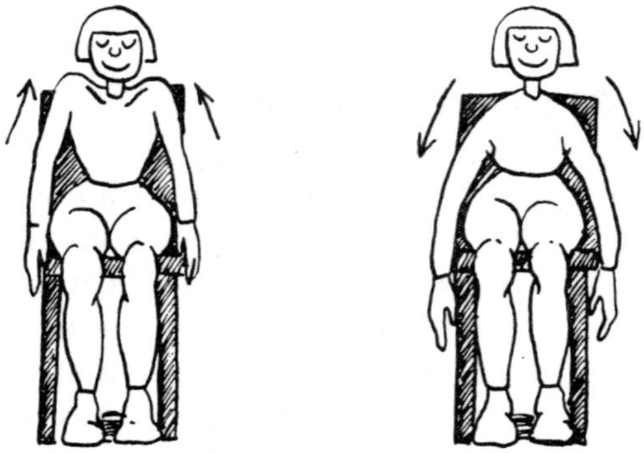

aux mouvements, sachant que vous inspirez en montant les épaules et vous laissez sortir le souffle en les laissant retomber... » (Il est tout à fait possible, au cours des séances suivantes, de recourir aux dissociations dans les abandons des bras et des épaules, telles qu'elles sont décrites dans les exercices 28 et 29.)

Exercice 36 : automassage des trapèzes

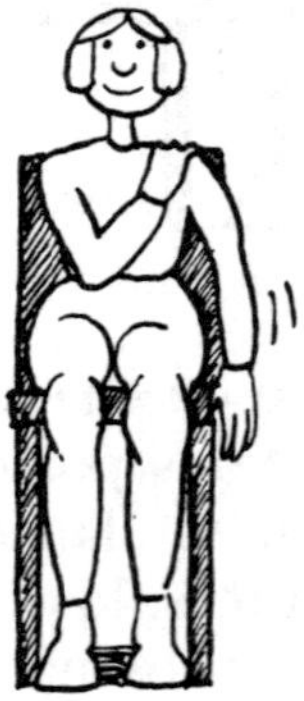

« En restant toujours assis au fond de la chaise, je vous propose, avec votre main droite, de masser votre trapèze gauche. Massez vigoureusement et profondément jusqu'à la limite de la douleur, avec toute la surface de la main et pas seulement avec le bout des doigts... Ensuite glissez la main sur le trapèze, comme si vous vouliez le faire passer par-dessus l'épaule...
« Pratiquez ce massage pendant plusieurs minutes, puis passez à l'autre trapèze... »
On peut évidemment, après chaque exercice, engager une brève verbalisation au cours de laquelle les enfants pourront exprimer « à chaud » leurs impressions et leurs sensations.

Exercice 37 : les ronds de tête

« Reprenez la position " assis " au fond de la chaise, pieds à plat sur le sol, mains posées sur les cuisses... Fermez les yeux et reprenez conscience des sensations de contact avec le sol et avec la chaise... Laissez votre

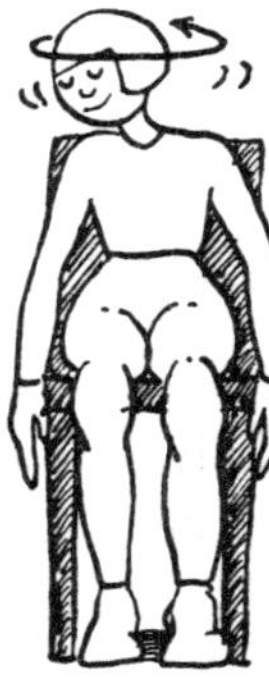

corps se détendre, devenir lourd... Respirez calmement, sans effort... Placez votre tête dans l'axe de la colonne vertébrale. Imaginez à présent que, sur le sommet de votre tête, se trouve un long pinceau dont les poils sont pointés vers le plafond. Par un lent mouvement de rotation de la tête, vous imaginez que vous tracez des cercles au plafond avec le pinceau. Faites trois petits cercles dans un sens... puis trois petits cercles dans l'autre sens, lentement et le plus régulièrement possible, dans un mouvement continu, sans saccade, et agréable... Observez le mouvement de votre tête et imaginez les cercles que vous tracez...

« Lorsque vous êtes revenus à la position de départ, imaginez que le pinceau se trouve maintenant au bout de votre nez et que vous allez tracer des cercles sur le mur situé en face de vous, en faisant tourner votre tête, trois fois dans un sens, puis trois fois dans l'autre sens, avec la même régularité. Prenez le temps de bien sentir vos ronds de tête tout en gardant le reste de votre corps tout à fait détendu. N'allez pas trop vite et faites des cercles aussi jolis que vous pouvez...

« Puis revenez à la position de départ, la tête à nouveau dans l'axe de la colonne vertébrale, reposant sans tension sur les épaules... »

Exercice 38 : sensation de la respiration, assis

« Gardez les yeux fermés... Reprenez conscience des points de contact de votre corps avec le sol et avec la chaise... De la même façon, sentez le contact de vos mains sur les cuisses... A présent, portez votre attention dans votre respiration... Respirez calmement et sans effort... Laissez pour l'instant votre respiration se faire toute seule... Observez simplement le mouvement de votre respiration, mouvement calme et régulier... Puis, très progressivement, vous allez diriger votre respiration sous la ceinture, le plus bas possible, en la forçant très légèrement... Respirez avec le bas-ventre, régulièrement, pendant quelques instants, le temps de bien sentir que le mouvement de la respiration se fait sous la ceinture...

« Puis vous déplacez à nouveau votre respiration et vous la dirigez le plus haut possible dans le thorax, en la forçant là encore légèrement... Prenez le temps de sentir que vous respirez avec le thorax... Observez les côtes s'élargir à l'inspiration et s'abaisser, se rétracter à l'expiration... Faites quelques respirations thoraciques puis, tranquillement, revenez à la respiration naturelle, celle qui se fait toute seule, sans effort... Restez quelques instants dans cette respiration... Sentez à nouveau tous les points de contact... Laissez votre visage se détendre... Vérifiez en particulier que vos mâchoires ne sont pas crispées, détendez-les... puis, progressivement, vous amplifiez votre respiration... Vous commencez à remuer doucement les doigts, les orteils... Vous vous étirez longuement et vous ouvrez les yeux... »

Première verbalisation

Si la verbalisation n'a pas eu lieu entre chaque exercice, il est nécessaire de la prévoir ici, à la fin du travail « assis ». Les échanges seront sans doute extrêmement riches, en regard de toutes les nouvelles expériences vécues. Toutes les impressions, toutes les sensations, qu'elles aient été positives ou négatives, seront écoutées avec beaucoup d'attention.

Le travail « assis » devra être repris de temps en temps afin de favoriser la multiplicité des expériences. En effet, ce qui a pu être vécu désagréablement une première fois pourra être ressenti très différemment lors de la seconde expérience ou de la troisième. La répétition, loin de nuire, enrichit le vécu des enfants; même si en apparence « c'est toujours pareil », en réalité c'est toujours différent car nous sommes, nous-mêmes, à chaque fois différents.

Le même exercice n'est jamais vécu de la même façon.

Néanmoins, il importe de varier les exercices au cours d'une même séance, chaque enfant trouvant dans l'un au moins d'entre eux des éléments personnels de satisfaction.

Travail allongé

Exercice 39 : mouvements passifs du bassin et du tronc

– *Consignes données aux « sujets passifs » (receveurs) :*
Ce sont les mêmes que celles de l'exercice 27, mais il faut préciser ici que c'est l'ensemble du corps qui va être manipulé et qu'il faudra donc le laisser passif.

– *Consignes données aux « sujets actifs » (donneurs) :*

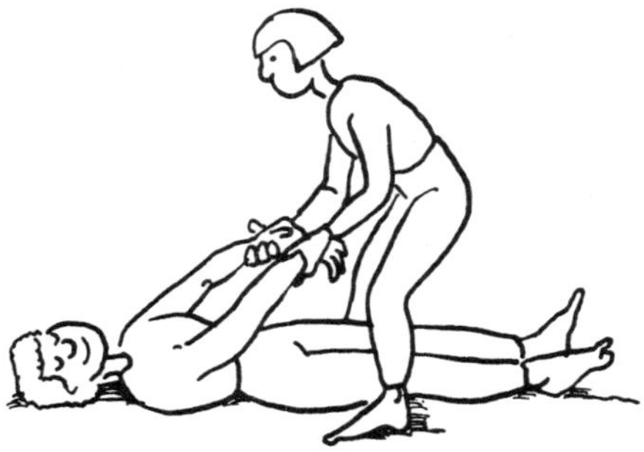

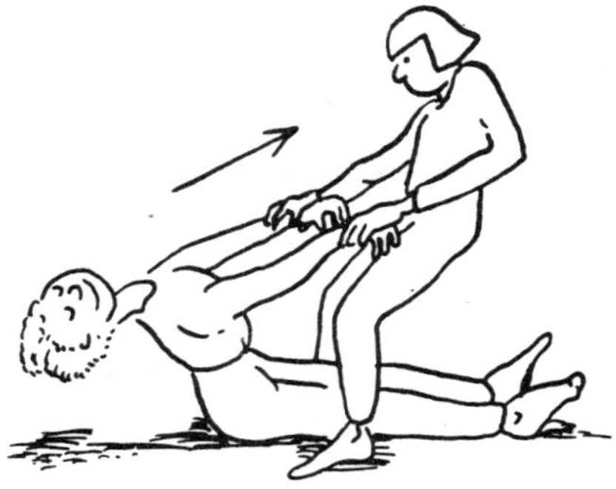

« Placez-vous debout, au-dessus de votre camarade, les jambes écartées de chaque côté de son bassin. Vous vous penchez en avant, et avec vos mains vous soulevez légèrement le bassin de votre camarade, tantôt du côté droit, tantôt du côté gauche, et vous le laissez retomber au sol brusquement. Si votre camarade se laisse bien faire, vous constaterez que son corps retombe lourdement au sol, entraînant un mouvement de rotation des jambes et des pieds. Faites cela plusieurs fois, jusqu'à sentir le corps de votre camarade tout à fait passif et détendu... Puis, prenant les poignets de votre camarade avec vos deux mains solidement accrochées, vous soulevez toute la partie supérieure du corps de votre camarade en tirant sur ses bras. Votre camarade ne doit pas vous aider, il doit se laisser porter, même sa tête doit être relâchée et pendre en arrière dans le vide. Alors, tenant fermement votre camarade par les poignets, vous balancez doucement son corps au-dessus du sol, puis vous tirez sur un bras, sur l'autre, afin de vérifier qu'il se laisse faire... Prenez conscience du poids de ce corps relâché et, si vous le trouvez très lourd, reposez-le délicatement sur le sol en évitant de heurter la tête.

« Le tronc et la tête se trouvant à nouveau sur le sol, vérifiez que les bras sont toujours relâchés, en les secouant doucement, puis à nouveau tirez sur un bras, puis sur l'autre, afin de faire rouler la tête sur le sol... Vous devez sentir que votre camarade s'abandonne complètement à nos manipulations, sans résistance et sans participation. Puis, tout doucement, vous reposez ses bras sur le sol... Et vous allez vous asseoir à côté de lui. »

– Aux « sujets passifs » : la reprise :

« Prenez le temps de sentir votre corps sur le sol... Prenez conscience de la sensation des points de contact... Percevez-vous des différences par rapport à la sensation que vous en aviez tout à l'heure?... Comment sentez-vous le contact de votre tête avec le sol... le contact de votre dos... de vos bras?... Puis, tranquillement, vous faites votre reprise » (voir exercice 10).

Comme pour les mouvements passifs des bras et des jambes, on peut procéder immédiatement à l'inversion des rôles et reprendre l'exercice dans les mêmes conditions.

Deuxième verbalisation

Procéder comme les séances précédentes.

▷ *Remarque à propos de l'exercice 39 :* Comme pour les mouvements passifs précédents, le maître ou la maîtresse ont tout intérêt à montrer l'exercice aux enfants en effectuant une démonstration sur l'un d'entre eux, volontaire. En effet, la visualisation facilite la compréhension et l'apprentissage de la technique. Rappelons, encore une fois, que ce n'est qu'après la période de « déchiffrement » de la technique qu'on peut espérer la plus grande efficacité, donc les meilleurs résultats.

Ce n'est que lorsque le « souci » de la technique n'est plus un « souci » que le « donneur » peut transmettre au « receveur » le maximum de détente et de bien-être. Dégagé de l'aspect « technique » de l'exercice, le « donneur » se retrouve plus disponible pour l'autre et peut se concentrer davantage sur ses réactions.

Mais le dépassement de la technique ne peut se réaliser que par un travail régulier.

Douzième séance : le double pendule

- *Durée de la séance*
  15 à 20 minutes pour les jeunes enfants (4 à 6 ans),
  20 à 30 minutes pour les enfants de 7 à 11 ans.

- *Conseils et remarques*
  – La liste des exercices « anciens » proposée au début de chaque séance est donnée à titre indicatif et dans un ordre plus ou moins « logique ». Il appartient à chaque enseignant d'user d'une grande souplesse et d'initiative par rapport à cette liste, soit en la réduisant, ou au contraire en y ajoutant d'autres exercices, soit en en modifiant l'ordre, tenant compte de l'état dans lequel se trouvent les élèves, et du sien propre. D'une manière générale mais, là encore, sous réserve d'adaptation au moment de la séance, nous proposons de commencer la séance par des exercices dynamiques (le « Bof », le pantin, etc.) souvent appelés « décrochages », pour s'acheminer progressivement vers des exercices plus lents, et terminer par l'immobilité. Nous allons d'exercices qui demandent peu de concentration vers des exercices qui exigent attention, concentration, écoute de soi, prise de conscience. Il s'agit d'une démarche logique mais non impérative, la règle étant toujours d'adapter au mieux la séance en fonction de l'âge des enfants, de leur intérêt, et de ce que l'enseignant sent du climat de sa classe.

  – La remarque faite à la fin de la onzième séance, concernant une démonstration pratiquée sur un enfant par l'enseignant, reste valable pour cette douzième séance (mouvements passifs de la tête).
  Avec les mouvements passifs de la tête s'achève l'ensemble des mouvements passifs sur le corps. Ils pourront s'effectuer successivement au cours d'une même séance mais, étant donné le temps nécessaire à leur exécution complète et le fait de respecter la réciprocité dans les rôles, il faudrait prévoir une séance consacrée exclusivement à tous les mouvements passifs.
  L'ensemble des manœuvres constitue en soi une excellente relaxation, efficace et souvent très agréable. On pourra par exemple,

commencer par les mouvements passifs d'un côté du corps (bras puis jambe droits), continuer par l'autre côté (bras et jambe gauches), poursuivre par le bassin et le tronc et terminer par la tête. En commençant d'abord par les membres du même côté, on accentue en général la différence des sensations par rapport à l'axe corporel. A chaque fois que l'on passe d'une partie du corps à une autre il est indispensable de laisser un temps aux sujets « passifs » pour sentir, pour prendre conscience de ce qui change, pour comparer les différentes sensations. Cet appel quasi permanent à « l'attention sans tensions » est essentiel dans la pratique de la relaxation active qui n'est ni le sommeil ni la rêverie.

Travail debout

Reprendre tranquillement les exercices 2 : le « Bof »; 24 : le plongeon; 17 : le pantin; 11 : détente des mains et des poignets et 18 : montée contrôlée des épaules; continuer avec :

Exercice 40 : le double pendule

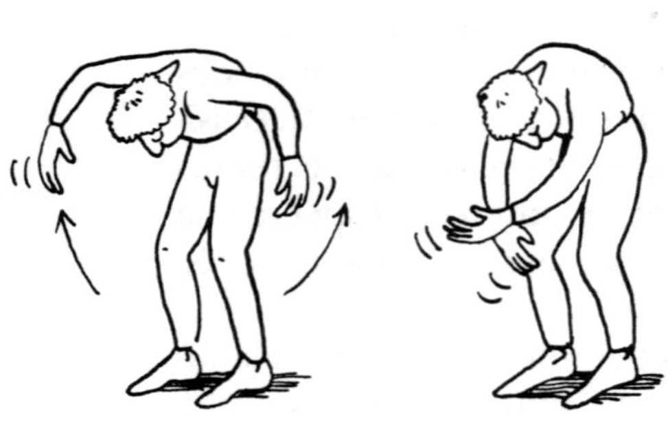

« Debout, une jambe devant l'autre, penchez-vous légèrement en avant, les bras pendants et la tête complètement relâchée... Prenez soin de plier un peu les genoux pour éviter toute raideur dans les jambes... Ne vous penchez pas trop en avant afin d'éviter toute douleur dans le dos... Trouvez un bon équilibre sur vos jambes... Laissez, pour le moment, vos bras pendre et se balancer librement... Attendez qu'ils s'immobilisent complètement... Vous pouvez, si vous le voulez, fermer les yeux...

« Lentement laissez vos bras s'écarter, légèrement pliés aux coudes, les mains relâchées, sans monter trop haut, jusqu'à l'oblique... Vous marquez un temps d'arrêt... puis, subitement, vous laissez

retomber vos bras... Laissez-les faire... Laissez-les se rencontrer, se balancer... Ne les retenez surtout pas... Observez par la pensée le mouvement libre de vos bras... Attendez qu'ils s'immobilisent tout seuls, d'eux-mêmes, puis, lorsqu'ils ne bougent plus du tout, à nouveau vous les écartez lentement, en prenant bien conscience de l'effort que vous faites pour les soulever, en vérifiant toujours que vos jambes sont souples et que votre tête est tout à fait relâchée... Puis, un temps d'arrêt, et relâchement soudain des bras... Laissez faire... Attendez l'arrêt complet des bras... Recommencez une troisième fois l'exercice en vous dirigeant vous-mêmes et en y associant, si vous le voulez, la respiration : inspiration en écartant les bras... Interruption de la respiration au temps d'arrêt... Lâchez le souffle au moment du relâchement des bras. Prenez tout votre temps... Lorsque vos bras sont à nouveau immobiles, vous vous redressez très lentement en gardant le menton sur le sternum, les bras relâchés, et c'est seulement lorsque vous êtes à la verticale que vous redressez lentement la tête... Gardez les yeux fermés pendant quelques instants... Prenez conscience de la sensation de tout votre corps, sans oublier votre visage... Constatez si quelque chose a changé en vous... Puis vous ouvrez les yeux et vous vous étirez... »
On peut terminer cette séquence « debout » par l'exercice 26 : recherche de la verticalité.
Puis passer à :

Première verbalisation

A ce stade du travail, il peut être possible de demander aux enfants d'exprimer des sensations plus globales, par rapport à leur état général, sous forme de questions telles que : « Comment vous sentez-vous maintenant? Qu'est-ce qui s'est modifié en vous depuis le début de la séance? Quelles sensations avez-vous de votre état intérieur? » (Mais auront-ils pu découvrir ce qu'est « l'état intérieur »?) Sans doute, l'exprimeront-ils d'une autre façon, avec d'autres mots. Ce que peut-être ils commenceront à percevoir, c'est qu'un exercice, quel qu'il soit, peut dans certaines circonstances influencer l'état général et modifier l'état psychique et nerveux.
Toutefois, il faut prendre garde à certaines questions qui pour-

raient induire des réponses que nous souhaiterions entendre. Répétons qu'il est important, primordial, que chacun découvre ses sensations, son état par lui-même, sachant bien qu'il est difficile d'échapper totalement aux influences des autres dans le groupe. Rappelons-nous que chaque enfant progresse à son rythme, il ne faut pas s'étonner qu'il ne découvre pas les mêmes choses au même moment que ses camarades.

Travail allongé

Exercice 41 : mouvements passifs de la tête

– *Consignes données aux « sujets passifs » (receveurs) :*

Ce sont les mêmes que celles de l'exercice 27, en précisant ici que c'est la tête qui va être manipulée et qu'on va procéder auparavant à quelques exercices préparatoires pour faciliter le relâchement de la tête.

– *Consignes données aux « sujets actifs » (donneurs) :*

- Exercices préparatoires :

« Placez-vous à genoux derrière la tête de votre camarade, le plus confortablement possible, les mains libres... Après vous être vigoureusement frotté les mains pour les échauffer, commencez à masser profondément les trapèzes de votre camarade... Puis, avec une main, massez-lui fermement la nuque pendant une à deux minutes...

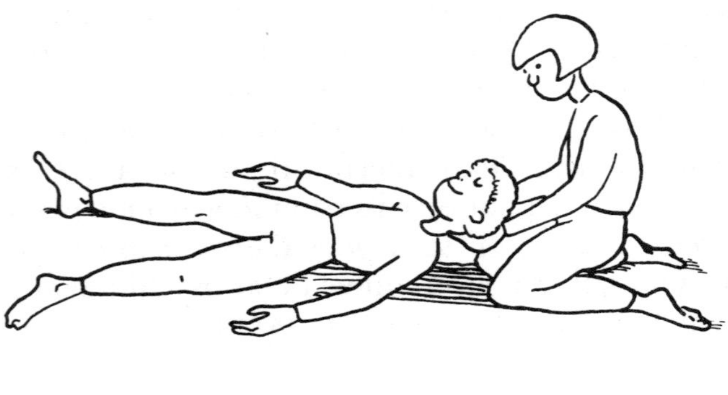

« Ensuite vous prenez sa tête dans vos deux mains et, à partir de la nuque, vous l'étirez légèrement, comme si vous vouliez lui allonger la colonne vertébrale, en laissant vos mains glisser sur la surface du crâne jusqu'au bout des cheveux... Glissez lentement, en tirant légèrement la tête afin de décoller les vertèbres cervicales qui ont tendance à se tasser... Répétez cet étirement et ce glissement plusieurs fois en prenant soin, avec vos mains, de couvrir tout le crâne, de passer sur les oreilles et les tempes, et de poursuivre votre geste jusqu'au bout des cheveux... Toutes ces manœuvres aident votre camarade à prendre confiance et à relâcher sa tête... »

• Mouvements passifs de la tête :
« A présent, avec vos deux mains placées sous le crâne, vous soulevez doucement la tête de votre camarade à quelques centimètres au-dessus du sol, vous prenez conscience de son poids... et, *très lentement,* avec un maximum de précautions, vous la tournez dans tous les sens... vous lui imprimez des mouvements de rotation dans tous les plans, cherchant à aller aussi loin que possible dans toutes les directions, mais sans faire mal... Prenez conscience de toutes les possibilités de rotation de la tête... Vérifiez que votre camarade laisse faire, qu'il ne résiste pas à vos mouvements et qu'il n'y participe pas... Si vous sentez des tensions, massez-lui à nouveau la nuque...
« Vérifiez que la tête " tourne ", " pivote ", librement... Agissez surtout très lentement et sans à-coups... Au bout d'une ou deux minutes, reposez délicatement la tête de votre camarade sur le sol, en veillant à lui rabattre légèrement le menton sur le sternum...
« Enfin, pour terminer, vous lui massez légèrement les deux tendons, qui vont des oreilles aux clavicules, de chaque côté du cou. Pincez-les doucement pour les détendre, car ils sont souvent durs...
« Massez avec le bout des doigts... Puis appliquez vos paumes, dessus, légèrement.
« Vous pouvez alors vous asseoir à la tête de votre camarade et, avant qu'il entreprenne sa reprise, posez doucement votre main sur son front pendant quelques instants... »

La reprise

(Voir exercice 39.)

Comme dans la séance précédente, on peut inverser les rôles dès la fin de la reprise et procéder aux mêmes manœuvres.

Deuxième verbalisation

Procéder comme d'habitude. Précisons toutefois que les verbalisations, si elles ne doivent pas s'éterniser, méritent une très grande place dans les séances de relaxation active. C'est le moment où tous les enfants qui ont envie d'exprimer quelque chose peuvent le faire sans contrainte, sans crainte d'être jugés. Peu à peu on voit les plus timides oser s'exprimer, parler d'eux-mêmes. C'est aussi le moment où s'élaborent de nombreuses prises de conscience, prise de conscience de soi, mais aussi des autres, prise de conscience des ressemblances mais aussi des différences, acceptation de soi, mais aussi de l'autre; image de soi et image de l'autre.
Il est donc important de ne pas négliger cette partie de la séance, il ne servirait à rien de la laisser se diluer dans un verbiage fumeux et « défensif ». Le rappel de choses vécues, concrètes, doit être la règle de cette séquence.

Treizième séance : le « Do in » du visage

- *Durée de la séance*
  20 à 25 minutes pour les jeunes enfants (4 à 6 ans),
  25 à 30 minutes pour les enfants de 7 à 11 ans.

- *Conseils et remarques*
  – L'automassage détaillé ou « Do in » du visage est très efficace pour se mettre en forme. On le pratique de préférence le matin. Si l'on en croit l'acupuncture chinoise, la tête et le visage sont tapissés par un réseau dense de méridiens qui correspondent à certains organes, comme l'estomac, la vésicule biliaire, le gros intestin, la vessie et l'intestin grêle. En massant le visage, on stimule le fonctionnement de ces organes. L'état de ceux-ci se réfléchit toujours sur le visage : couleur de teint, tonicité de la peau, sensibilité au toucher...
  Bien que n'étant pas un exercice de relaxation, l'automassage du visage peut trouver naturellement sa place dans la pratique de la relaxation active, en ce sens qu'on peut l'utiliser pour se « réénergiser », comme la relaxation peut nous « recharger ». Dans les deux cas il s'agit de faire le plein d'énergie.
  – La pratique du « Do in » du visage peut s'envisager très tôt même avec les très jeunes enfants (3-4 ans). Au début, les manœuvres sont souvent maladroites, mais la précision s'acquiert très rapidement avec l'entraînement. La technique est simple, même si les « points » à presser ou à masser ne se découvrent pas immédiatement. Avec l'habitude, les doigts ou les mains viennent se placer presque naturellement sur les zones du visage les plus sensibles. Le plaisir ou la douleur guident en quelque sorte les manœuvres. Les enfants affectionnent particulièrement le « Do in » qui peut se prolonger sur d'autres parties du corps et qui, avec son corollaire, le « Shiatsu » (pratiqué deux par deux), constitue, comme la relaxation active, d'excellents moyens d'entretien de soi, donc de prévention de la maladie.
  On lira avec intérêt l'ouvrage clair et précis de Clara Truchot *Do in et Shiatsu* aux Éditions du Courrier du livre (voir bibliographie).

Travail debout

Commencer par les exercices 24 : le plongeon; 22 : l'enfant boudeur; 28 : chute alternée des épaules et 26 : recherche de la verticalité; continuer avec :

Exercice 42 : « Do in » du visage ou automassage
Cet exercice, emprunté au « Do in » (technique japonaise de bien-être liée à l'acupuncture traditionnelle), peut se pratiquer debout, ou mieux, en position de « seiza », c'est-à-dire à genoux, talons ouverts mais gros orteils en contact. On s'assoit sur les talons, dos droit.
« Avec le bout des doigts ou le " talon des mains ", faites bouger la peau de votre front dans tous les sens : vertical, horizontal, oblique... Entre pouce et index, pincez et étirez vos sourcils depuis leur base jusqu'à leur pointe (3 fois)...
« Pincez et étirez sans vous faire mal : il faut aller jusqu'à la frontière du plaisir et de la douleur... Ensuite, avec les pouces, faites des pressions fermes sous vos arcades sourcilières depuis la racine du nez jusqu'à la pointe des sourcils... Peut-être sentirez-vous de petites encoches ou légères cavités (trous) : c'est dans ces encoches qu'il faut appuyer (trois passages)...
« Avec la pulpe de vos pouces, faites des pressions autour du creux de vos tempes, sur la bordure osseuse, en tournant d'avant en arrière (trois passages)...
« Puis vous fermez les yeux... Avec le bout de vos doigts, faites des pressions légères sur vos globes oculaires... faites-les bouger dans tous les sens sans vous faire mal... Vous posez le talon de vos mains sur les yeux et, vos mains étant immobiles, vous faites bouger vos yeux dans tous les sens, en sentant le glissement de vos yeux sous la paupière et la résistance de vos mains... Puis vous pincez verticalement vos paupières entre pouce et index, et avec des gestes rapides, légers et secs, tirez, repoussez, tirez, repoussez... jusqu'à ce que vous entendiez des petits " floc-floc "...
« Avec pouce et index, pincez fortement, deux ou trois fois, la peau entre vos sourcils... Puis avec vos pouces ou vos majeurs, massez en tournant la racine de votre nez jusqu'au coin de l'œil... Puis faites des pressions avec vos doigts tout le long du nez... Avec la

paume de la main, appuyez et déplacez le bout du nez dans tous les sens... Avec vos paumes de main à plat, frottez vigoureusement vos joues de haut en bas et de bas en haut, puis en diagonale, en suivant les sillons de vos maxillaires (entrouvrir la bouche)... Avec vos pouces, pressez dans les encoches que vous sentez dans l'épaisseur de l'os malaire... mêmes pressions le long de la mâchoire inférieure... Puis, entre pouce et index repliés, pincez votre lèvre supérieure et faites-la tourner d'un côté puis de l'autre... même mouvement avec la lèvre inférieure...

« Avec le bout de vos doigts, faites des pressions sur vos gencives supérieures et inférieures, le long des racines de vos dents... Avec la pointe de votre langue, pressez fortement l'intérieur de vos joues et de vos gencives... puis tirez fort la langue en direction du menton, puis de votre nez...

« Avec la paume de votre main, frottez votre menton en laissant votre lèvre inférieure toute molle...

« Avec vos majeurs, massez profondément le creux que vous sentez sous le lobe de vos oreilles (en général ces creux sont très sensibles)...

« Pincez fortement et tirez vers le bas les lobes de vos oreilles... Massez longuement les lobes... Pincez tout le tour du pavillon de vos oreilles... Avec vos index, suivez et massez les spirales des pavillons... Puis faites pénétrer les index dans les oreilles, tournez, secouez et tirez d'un coup sec... avec vos majeurs, massez, frottez derrière les pavillons de l'oreille... (ce qui réchauffe). Enfin, une main posée à plat sur le sternum, avec l'autre main vous glissez le long de votre cou plusieurs fois, en massant légèrement le muscle peaucier du cou... Terminez en vous massant longuement la nuque... »

Première verbalisation

Il est important de demander aux enfants d'exprimer ce qu'ils ressentent à la suite de cet automassage du visage qui aura sans doute permis à certains de localiser des zones plus ou moins douloureuses.

Travail allongé

Commencer par les exercices 4 : sensations des points de contact et 19 : abandon simultané des bras et des jambes associé à la respiration; continuer avec :

Exercice 43 : les différentes respirations

« A présent, prenez conscience pendant quelques instants de votre respiration naturelle : celle qui se fait toute seule. Observez que vous n'avez pas besoin de faire d'effort, que vous n'avez pas besoin d'intervenir pour que votre respiration se fasse; c'est un peu comme si elle se faisait sans vous, malgré vous... Laissez-la faire...

« Maintenant, je vais vous proposer plusieurs façons de respirer. Vous devrez à chaque fois conduire votre respiration, la diriger vous-mêmes dans le sens que je vous indiquerai.

« Commençons par *la respiration abdominale :* Inspirez par le nez en gonflant le ventre autant que vous le pouvez et aussi bas que possible sous la ceinture... Conservez l'air dans vos poumons quelques secondes... puis soufflez très fort en rentrant le ventre... Forcez légèrement... Puis, à nouveau, inspirez en gonflant le ventre au maximum... gardez l'air quelques secondes... Puis soufflez en rentrant le ventre... Continuez et faites ainsi une dizaine de respirations abdominales...

« A présent, je vous propose *la respiration thoracique ou costale :* Inspirez par le nez en augmentant le volume de votre cage thoracique, en écartant les côtes, sentez votre thorax s'élargir... Conservez l'air dans les poumons quelques secondes... puis soufflez en laissant votre cage thoracique reprendre son volume initial... Puis recommencez et faites ainsi une dizaine de respirations thoraciques...

« Continuons par *la respiration haute ou claviculaire :* Inspirez par le nez et, tout en élargissant les côtes, soulevez les clavicules, c'est-à-dire que vous allez le plus haut possible au niveau du thorax... Puis soufflez en abaissant les clavicules et en ramenant les côtes... Faites cette respiration une dizaine de fois...

Enfin nous en arrivons à *la respiration complète :* Inspirez lentement par le nez en gonflant l'abdomen. Continuez à inspirer en écartant les côtes, et finissez de remplir vos poumons en soulevant les clavicules... Gardez l'air quelques secondes... Puis soufflez lentement en laissant d'abord la cage thoracique s'affaisser naturellement, et terminez de vider vos poumons en contractant fortement vos abdominaux. Recommencez ainsi une dizaine de fois... Puis revenez à votre respiration naturelle, celle qui se fait toute seule et constatez, sentez ce qui se passe en vous... Reprenez conscience de la sensation des points de contact de votre corps avec le sol... Puis, tranquillement, faites votre reprise...

La reprise

(Voir exercice 10.)

Deuxième verbalisation

Laisser tout le temps nécessaire aux enfants pour exprimer leur ressenti et leurs impressions. Puis, il peut être utile, sinon nécessaire, de leur donner quelques explications à propos de ces différentes respirations :

• *La respiration abdominale* provoque un massage dans les organes abdominaux par l'abaissement rythmique du diaphragme ; c'est une respiration apaisante par excellence. Elle facilite le sommeil tout en améliorant le fonctionnement des viscères (utile en cas de constipation).

• *La respiration thoracique ou costale* est la respiration utilisée à la suite d'efforts physiques. C'est la respiration des athlètes. Elle est généralement euphorisante.

• *La respiration haute ou claviculaire* est une mauvaise façon de respirer quand elle n'est pas associée aux deux autres. Elle est souvent la particularité des femmes. Mais, associée à la respiration abdominale et à la respiration thoracique, elle favorise la *respiration complète.*

Est-il nécessaire de souligner ici le rôle important, vital, d'une bonne respiration? Rappelons simplement que la respiration est « le premier contact de l'être humain avec son environnement naturel », qu'elle est également « un facteur essentiel de relations et d'échanges avec le monde extérieur ». Apprendre à respirer correctement dès l'enfance nous paraît extrêmement important. La relaxation active accorde à la respiration une place tout à fait prépondérante.

Quatorzième séance : « gymnastique » du visage

- *Durée de la séance*
  20 à 25 minutes pour les jeunes enfants (4 à 6 ans),
  25 à 30 minutes pour les enfants de 7 à 11 ans.

- *Conseils et remarques*
  – Nous associons ici, dans la même séance, d'abord une séquence de travail « assis », suivie d'une séquence « debout » pour terminer par une séquence « allongé » sur le dos. Nous retrouvons ainsi les trois principales positions de travail. D'autre part, on constatera que nous évoluons vers une réduction des exercices très dynamiques (les « décrochages ») au profit de mouvements plus lents, plus continus, donc plus contrôlés, qui exigent une grande concentration. Il n'y a rien d'étonnant à ce que les jeunes enfants, en raison de leur degré de maturité, n'atteignent pas encore le niveau de concentration nécessaire. Il ne servirait à rien de forcer leur développement naturel. Mais on s'apercevra que les différences de possibilité entre des enfants de 4 ans et de 6 ans sont énormes, sans compter qu'elles peuvent varier également en fonction du milieu socioculturel et en fonction, bien sûr, de la régularité de l'entraînement à la relaxation active. On procédera donc, pour certains exercices, par tentatives ponctuelles et relativement brèves aux moments qui paraissent les plus propices. Seuls l'entraînement et l'expérience de l'enseignant peuvent le conduire au dosage le mieux adapté.
  Un des principes de la relaxation active consiste à proposer des exercices qui ne soient ni trop « faciles », ni trop « difficiles », c'est-à-dire qui permettent aux enfants de progresser sans provoquer de sentiment d'échec. Mais n'est-ce pas la base de toute pédagogie?
  – La nouvelle « dissociation » proposée dans l'exercice 46 fait partie de ces mouvements dits « difficiles ». En réalité, cette dissociation n'est plus « difficile » quand elle est abordée au bon moment, c'est-à-dire après plusieurs mois de travail et d'entraînement, qui nous conduisent vers la fin de l'année scolaire. Comme toutes les dissociations, elle exige une grande « présence à soi-même » qui favo-

rise efficacement la stabilité de la pensée et donc de l'attention. C'est seulement quand nous sommes capables de « nous mettre tout entiers » dans le mouvement, c'est-à-dire de concentrer toute notre pensée dans le geste, que nous pouvons « réussir » les dissociations. Là encore, l'entraînement est primordial; lui seul permet de faire disparaître toute appréhension face aux dissociations.

– Chacun sait que le visage est tapissé d'une multitude de muscles dont certains sont minuscules. C'est pourquoi nous en avons une perception plus ou moins vague, et c'est pourquoi aussi sa détente n'est pas particulièrement aisée. La « gymnastique » que nous proposons facilite la perception des muscles du visage en même temps qu'elle favorise leur détente. Il faut savoir qu'une bonne relaxation du visage est source de calme et d'épanouissement intérieurs. Apprendre à relaxer son visage est donc très important pour les enfants comme pour les adultes. Pour s'en convaincre, il suffit d'observer autour de soi le nombre de personnes qui vivent en permanence leur front et leurs yeux plissés, leurs sourcils rapprochés et contractés. Que d'énergie gaspillée!

Travail assis

Reprendre les exercices 33 : sensation des points de contact; 36 : automassage des trapèzes; 35 : abandon des épaules et 38 : les respirations; continuer avec...

Travail debout

...l'exercice 26 : recherche de la verticalité; enchaîner aussitôt avec :

Exercice 44 : ronds d'épaules simultanés

« Maintenant que vous êtes bien installés dans votre verticalité et bien " enracinés " dans le sol, prenez conscience de la sensation de vos épaules, laissez-les se détendre au maximum... Puis, très tranquillement, sans oublier de respirer calmement, laissez vos deux épaules monter de chaque côté de la tête, en laissant vos bras et vos mains relâchés... Lorsque vos épaules sont bien hautes, imaginez qu'elles vont partir vers l'avant pour tracer des cercles; représentez-vous ces cercles dans votre tête et, quand vous les avez bien " perçus ", alors laissez vos épaules partir vers l'avant et tracer des cercles bien réguliers, dans un mouvement lent et continu, en faisant le minimum d'efforts...

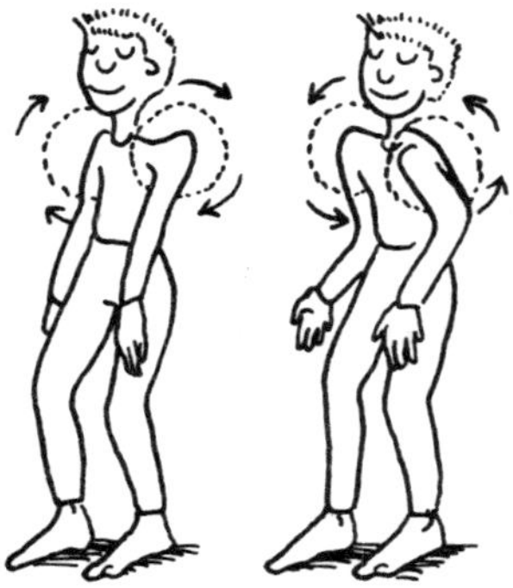

« Lorsque vous avez tracé trois cercles dans ce sens, vous laissez vos épaules tracer trois cercles dans l'autre sens, c'est-à-dire en partant vers l'arrière, sans provoquer de rupture, d'à-coups, dans le mouvement. Soyez tout à fait présents dans vos épaules... Pensez à respirer et à laisser vos bras tout mous... Le mouvement part des épaules... Lorsque les cercles sont terminés, vous revenez à la position de départ, épaules basses, et vous prenez le temps d'observer ce qui a pu changer dans la sensation de vos épaules, de vos bras, de tout votre corps... »

Continuer aussitôt avec :

Exercice 45 : les ronds de tête

« Toujours bien installés dans votre verticalité, vérifiez qu'aucune tension inutile n'est venue s'ajouter dans vos jambes, restez debout avec le minimum de tension... Respirez calmement... Portez votre attention dans votre visage et laissez-le se détendre... Vérifiez que vos mâchoires ne sont pas serrées... Imaginez à présent que vous allez tracer des cercles avec votre tête, des petits cercles bien ronds et bien réguliers...

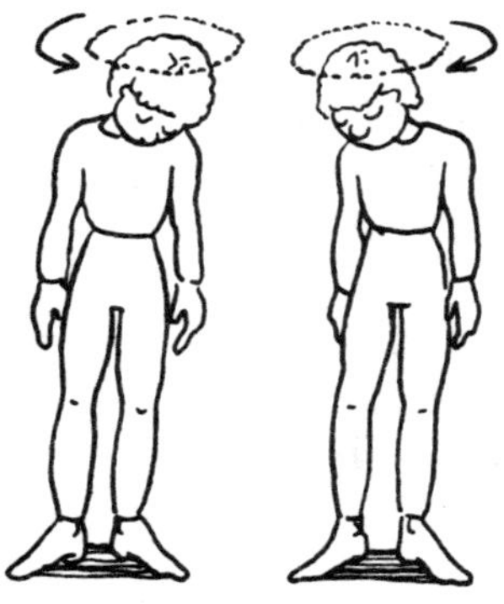

Avant de commencer, laissez votre tête tomber lentement vers l'avant... Puis, lorsque vous vous êtes bien représenté les cercles, vous laissez votre tête tracer ces cercles dans l'espace, tranquillement, avec le minimum d'effort, en continuant à respirer calmement... Soyez tout à fait présents dans les cercles que vous tracez avec la tête... Lorsque vous avez tracé trois cercles dans un sens, vous laissez votre tête tracer trois cercles dans l'autre sens, toujours dans un mouvement lent et continu... A la fin, vous replacez votre tête dans l'axe de la colonne vertébrale, à son point de départ, et vous prenez conscience de ce qui a pu se passer, de ce qui a pu changer dans vos sensations... Observez à nouveau l'ensemble de votre corps, sentez à nouveau votre verticalité puis, peu à peu, respirez de plus en plus fort... Étirez-vous longuement et ouvrez les yeux... »

Exercice 46 : dissociation
un cercle et un huit avec les bras

« Prenez le temps de détendre vos jambes...

« Revenez à la position pieds écartés de la largeur de votre bassin, bras le long du corps... Si c'est possible, fermez les yeux... Reprenez conscience de la sensation du contact de vos plantes de pied avec le sol, de cette sensation d'enracinement... Retrouvez votre verticalité en répartissant également le poids de votre corps sur vos deux pieds... en étirant légèrement la colonne vertébrale... et en plaçant votre tête juste dans l'axe de la colonne vertébrale... Veillez à supprimer toute tension inutile dans vos jambes... à laisser tomber vos épaules... Laissez aussi votre visage se détendre... Faites quelques respirations conscientes mais sans forcer, laissez faire votre respiration... A présent, portez votre attention dans vos bras...

« Lentement, laissez vos deux avant-bras se soulever de chaque côté du corps, vos mains ouvertes et face à face, comme si vous teniez un gros ballon léger entre vos mains... Éveillez, si possible, la relation entre vos deux mains... Imaginez, maintenant, que votre bras droit dessine un huit dans l'espace... ne le faites pas, imaginez-le...

« Imaginez, à présent, que votre bras gauche dessine un cercle dans l'espace... Représentez-vous mentalement un cercle avec le bras gauche et un huit avec le bras droit...

« Lorsque vous avez bien imaginé ces deux dessins, laissez vos mains se rapprocher lentement, puis laissez vos bras monter devant vous pour tracer à droite un huit et à gauche un cercle... Laissez faire vos bras...

« Lentement, avec le minimum d'effort, dans un mouvement régulier et continu, votre bras droit trace des huit dans l'espace en même temps que votre bras gauche trace des cercles... Laissez faire... Si vous vous trompez, ça n'est pas grave, continuez à laisser vos bras tourner ou arrêtez-vous... Si vous continuez et vous sentez que c'est possible, préparez mentalement le changement de sens du huit que trace votre bras droit... Lorsque vous avez perçu ce changement de sens, laissez votre bras droit partir dans l'autre sens, tandis que votre bras gauche tourne toujours dans le même sens... Puis, vous vous arrêtez, les mains et les avant-bras se retrouvent face à face à la hauteur de la taille... Observez à nouveau la relation entre vos deux mains... Lentement les deux avant-bras redescendent le long du corps... Reprenez conscience de votre verticalité, de votre enracinement, des tensions qui peuvent s'être réinstallées dans vos jambes, de la position de vos épaules... Faites à nouveau quelques respirations conscientes... Puis progressivement amplifiez votre respiration... Bougez légèrement les doigts... et lentement étirez-vous dans tous les sens, comme vous en avez envie, avant d'ouvrir les yeux... »

Première verbalisation

Ce travail debout aura peut-être pu sembler un peu long à certains enfants, sauf si l'on a pris la précaution de le faire après plusieurs mois d'entraînement à la verticalité. Celle-ci n'est véritablement acquise que lorsqu'on éprouve un sentiment de confort dans la position debout; position qu'on peut conserver un long moment sans fatigue et sans tension.

Cette première verbalisation permettra de le vérifier en laissant les enfants s'exprimer.

On prendra soin de rassurer ceux qui auront eu le sentiment de ne pas avoir réussi la dissociation. Au bout d'un certain entraînement, on découvre tout à coup que « ça se fait tout seul »!

Travail allongé

Reprendre les exercices 4 : points de contact sur le dos; 5 : conscience de la respiration, et 43 : les différentes respirations; continuer avec :

Exercice 47 : « gymnastique » du visage

« A présent, revenez à votre respiration naturelle, laissez-la se faire toute seule, tranquillement... Sentez tout votre corps parfaitement détendu... Laissez-le s'alourdir, " s'enfoncer " dans le sol... Portez votre attention maintenant dans votre visage... Pour l'aider à se détendre davantage, je vous propose une petite " gymnastique " simple et efficace : commencez par serrer fortement les mâchoires, puis, subitement, vous les relâchez... Encore une fois, serrez... temps d'arrêt... et, subitement, vous relâchez... Puis vous pincez les lèvres fortement... temps d'arrêt... vous relâchez d'un seul coup... Prenez le temps d'observer ce qui se passe après chaque relâchement... A nouveau, serrez les lèvres... temps d'arrêt... relâchez...

« A présent, tirez les lèvres vers l'arrière comme si vous souriiez... temps d'arrêt... relâchez... Recommencez une seconde fois... Maintenant, appuyez fortement votre langue contre le palais... temps d'arrêt... Relâchez... Encore une fois...

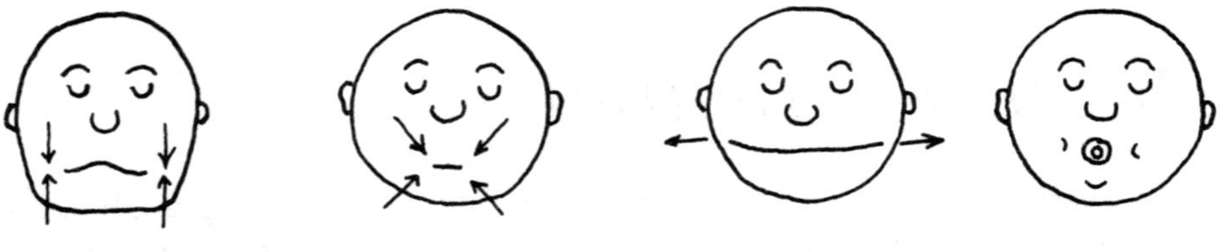

« Pour détendre votre larynx (organe de la voix), je vous propose de respirer par petits coups secs, par la bouche, comme si vous vouliez faire de la buée sur une vitre... Répétez plusieurs fois... Puis vous prenez conscience de vos joues, vous les laissez se détendre, c'est-à-dire que vous les laissez tomber vers le sol, comme si celui-ci les attirait...

« Pour détendre les yeux, pressez fortement vos paupières, puis, subitement, vous les relâchez sans ouvrir les yeux... Recommencez... Puis, vous rapprochez les sourcils l'un de l'autre comme lorsque vous êtes en colère ou fâchés... Marquez un temps d'arrêt... Relâchez... Encore une fois... Enfin vous relevez les sourcils, en plissant le front comme si vous aviez l'air étonné, en gardant les yeux fermés... temps d'arrêt... vous relâchez... vous recommencez...

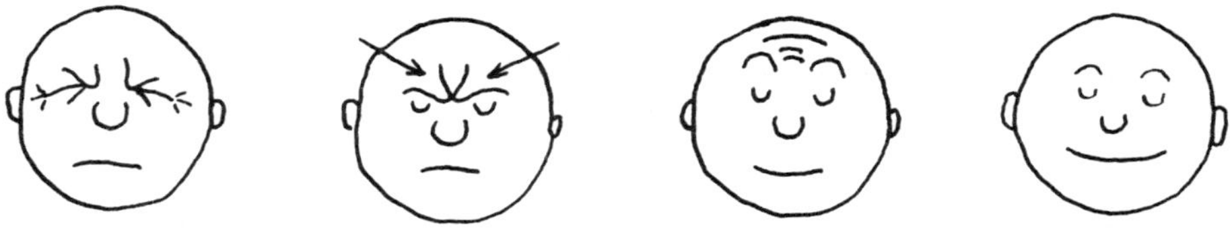

« A présent, laissez votre front s'élargir vers les tempes et aussi vers la racine des cheveux... Laissez-le devenir tout lisse, sans plis...
« Essayez d'observer tout votre visage, sentez-le, lui aussi tout lisse, tout détendu, tout calme... Toutes les tensions ont disparu de votre visage...
« Reprenez conscience de votre respiration... puis, tranquillement, faites votre reprise... »

La reprise

(Voir exercice 10.)

Deuxième verbalisation

La détente du visage est particulièrement délicate. Il ne faut donc pas s'étonner si les enfants ne la ressentent pas dès la première fois. Il faut du temps et de la patience.

Quinzième séance : visage et respiration

▸ *Durée de la séance*
20 à 25 minutes pour les jeunes enfants (4 à 6 ans),
25 à 30 minutes pour les enfants de 7 à 11 ans.

▸ *Conseils et remarques*
– On constatera, dans cette séance comme dans la précédente, que certains exercices ne sont pas encore accessibles aux jeunes enfants, et qu'il n'y a pas lieu de placer ceux-ci dans des situations trop difficiles. On trouvera dans les autres séances suffisamment d'exercices pour alimenter l'entraînement quotidien jusqu'à la fin de l'année, en procédant à de nouvelles associations d'exercices, en inventant d'autres constructions mieux adaptées aux élèves. La combinaison des exercices entre eux est infinie. Pourquoi ne pas construire certaines séances avec les enfants, les laissant exprimer leur choix quant aux exercices?
Enfin, il arrive fréquemment que les enfants imaginent eux-mêmes des mouvements, dont nous pouvons modestement nous inspirer.

– Comme pour la plupart des exercices de dissociation, les difficultés proviennent de la plus ou moins grande capacité que nous avons à nous concentrer dans les parties du corps en mouvement : ici, dans l'exercice 49 : les épaules et la tête. Cette concentration fait appel à la notion de « présence » dans son corps. Grâce à ces exercices, il est possible d'approcher les expressions telles que : « présence à soi-même », « être présent dans ses épaules », « être présent dans sa respiration »; ou bien, dans la vie courante, « être présent dans la poignée de main qu'on échange avec quelqu'un ».
Peu à peu cette notion prendra un sens pour les enfants, à condition de travailler régulièrement les exercices de dissociation.
Elle est tout particulièrement liée à la qualité d'être, car quelle valeur accorder à une poignée de main si « vous êtes ailleurs » quand vous l'échangez. *Ainsi pour tous les actes de la vie.*

– On comprendra que les exercices 48, 49, 50 ne peuvent être abordés qu'au bout de plusieurs mois de travail, souvent pas avant la fin d'une année d'entraînement. Ils permettront d'entrevoir qu'il est possible d'aller plus loin dans la recherche d'une meilleure connaissance de soi à travers l'éveil des sensations. Enfin ils nous feront percevoir que nous pouvons atteindre des états de relaxation toujours plus profonds.

Travail debout

Commencer par les exercices 17 : le pantin; 24 : le plongeon; 18 : montée contrôlée des épaules; 40 : le double pendule et 26 : recherche de la verticalité; continuer aussitôt avec :

Exercice 48 : ronds d'épaules dissociés

« Installez-vous bien dans votre verticalité... avec le minimum de tension dans les jambes... le plus confortablement possible... Respirez calmement, sans effort... Portez votre attention dans vos épaules... Lentement, laissez-les monter de chaque côté de la tête, aussi haut que vous pouvez... A présent, imaginez dans votre tête que l'épaule droite va partir en avant pour tracer des ronds, tandis que votre épaule gauche, elle, va partir en arrière pour tracer elle aussi des ronds dans l'espace... Laissez vos bras et vos mains tout mous... Lorsque vous avez bien perçu, dans votre tête, ces cercles qui tournent en sens inverse, vous laissez vos épaules partir... la droite vers l'avant et la gauche vers l'arrière... Restez bien dans la sensation de vos épaules qui tournent en sens inverse... Faites des petits cercles, lentement, et avec le minimum d'effort... Pensez à respirer calmement... Faites cinq ou six cercles, puis préparez mentalement le changement de sens des deux épaules... Quand vous l'avez bien imaginé, laissez vos épaules changer de sens et faites, là encore, cinq ou six cercles... puis arrêtez-vous... »

Exercice 49 : ronds d'épaules simultanés associés aux ronds de tête

Cet exercice peut s'enchaîner avec le précédent, ou être exécuté séparément.

« Bien installés dans votre verticalité, portez votre attention dans vos épaules... Gardez les bras et les mains bien relâchés... Lentement, laissez vos épaules monter de chaque côté de la tête, aussi haut que vous pouvez... Préparez-vous à laisser partir vos épaules vers l'avant pour tracer des ronds, les deux épaules tournant ensemble dans le même sens... Lorsque vous avez bien imaginé leur mouvement, vous les laissez partir, calmement, sans effort... Laissez-les tourner... Tout en laissant tourner vos épaules, imaginez que votre tête, elle aussi, va tourner dans le sens que vous voulez pour tracer des cercles dans l'espace... Quand vous avez bien imaginé le mouvement de votre tête, vous la laissez faire des ronds, comme vos épaules... Laissez vos épaules et votre tête tracer des petits cercles dans l'espace... tranquillement... sans crainte... en respirant calmement... Observez bien votre tête et vos épaules qui tournent...

« Puis, si vous sentez que c'est possible, vous préparez un changement de sens des cercles tracés par vos épaules, les deux épaules ensemble et en même temps... Faites des cercles réguliers et continus en évitant les à-coups... Maintenant vous préparez un changement de sens des ronds de tête... Quand c'est bien perçu, vous laissez votre tête partir dans l'autre sens...

« Puis vous vous arrêtez... Reprenez conscience de votre verticalité, des tensions qui ont pu s'installer dans vos jambes... vous respirez de plus en plus fort... et vous vous étirez... »

Première verbalisation

La première fois que ces exercices seront exécutés, il est fort probable que les enfants exprimeront d'abord les difficultés qu'ils ont rencontrées à dissocier leurs mouvements. Difficultés légitimes sur lesquelles on évitera d'insister, en disant simplement que cela n'est pas grave et que chacun améliorera l'exécution de ces exercices avec le temps et la pratique.

Travail allongé

Commencer par les exercices 4 : sensations des points de contact; 5 : conscience de la respiration; 19 : abandon simultané des bras et des jambes associé à la respiration et 47 : gymnastique du visage; continuer avec :

Exercice 50 : Visage et respiration
« A présent, observez votre visage globalement... Sentez-le tout détendu, tout calme, sans plis... tout lisse... Laissez-le se détendre complètement... Laissez faire... Surtout ne faites aucun effort... Tout en continuant à sentir votre visage globalement, portez votre attention dans votre respiration...
« Portez votre attention en même temps dans votre visage et dans votre respiration... Ne faites surtout aucun effort... Plus vous laisserez faire et mieux vous sentirez... C'est comme si votre visage respirait... Laissez votre visage respirer calmement, au rythme de votre respiration... Soyez juste attentifs à ce que vous ressentez... Ne faites rien, laissez faire... Goûtez l'état dans lequel vous êtes... Goûtez le calme... le silence... la paix... Goûtez cet état comme on peut savourer un bon fruit bien mûr... Goûtez cet état où toute tension mais aussi toute crainte ont disparu... Puis, lorsque vous en aurez envie, vous ferez votre reprise... »

Deuxième verbalisation

Là encore, il ne faut pas s'attendre à ce que les enfants sentent « respirer leur visage » dès la première fois. Il faut un long entraînement pour y parvenir. Néanmoins cet exercice (qu'on peut, par la suite, étendre à d'autres parties du corps, puis à tout le corps) est une approche de la notion « d'éveil » qu'on « travaille » tout particulièrement dans la « kinésophie » (se reporter à la conclusion).

POUR ALLER PLUS LOIN...

Parvenus à ce stade du travail et riches d'expériences acquises au cours d'un entraînement régulier, il nous devient plus facile d'appréhender mais aussi d'expérimenter les deux phases successives d'une *relaxation complète.*

1re phase : c'est la phase dite « d'avachissement », au cours de laquelle de nombreux exercices proposés dans les séances concourent à l'abandon de toutes les tensions musculaires, à leur relâchement maximal. Pour l'illustrer, disons que c'est la phase de « remise à zéro de la batterie », qui s'accompagne très souvent du « vide dans la tête ». Pour peu qu'on y associe une respiration abdominale consciente mais non contrôlée, c'est la phase idéale pour « glisser progressivement dans le sommeil ». On peut, si c'est ce que l'on souhaite, s'en tenir là. Mais il est possible, à partir de cette première phase, d'aller plus loin.

2e phase : c'est le temps de « recharge », ou encore « d'éveil progressif ». Sans qu'aucune tension musculaire et nerveuse ne réapparaisse, nous pouvons nous recharger d'une énergie nouvelle et intensifier progressivement notre éveil. De même qu'il est possible de relâcher toujours davantage nos tensions, la progression de l'éveil est infinie.

L'histoire suivante rendra peut-être plus claire la notion « d'éveil progressif ». Chacun d'entre nous a sans doute vécu cette expérience de la vie quotidienne : Après une longue et dure journée de travail, vous vous laissez tomber au fond d'un fauteuil, rompu

de fatigue. Peu à peu, vous « sombrez » dans une douce somnolence, proche du sommeil. Tout à coup, on sonne à votre porte; vous sursautez, puis vous allez ouvrir, étonné d'être dérangé à une heure aussi tardive. Surprise! Celui que vous reconnaissez dans l'encadrement de la porte est un vieil ami que vous aimez beaucoup et que vous n'avez pas revu depuis longtemps. Vous vous jetez dans les bras l'un de l'autre, heureux! Et comme par enchantement, votre fatigue et votre envie de dormir ont soudainement et complètement disparu; vous retrouvez un tonus, une énergie propres à vous tenir éveillé toute la nuit pour échanger des souvenirs avec votre vieil ami retrouvé.
Cette histoire banale que nous avons tous, à quelques détails près, vécue, possède un double mérite :
– d'une part, elle nous offre l'occasion de prendre conscience de ce qu'est un changement d'état intérieur (ici, passage d'un état de somnolence à un état d'éveil intense, en un temps record);
– d'autre part, elle nous permet d'observer que l'éveil est variable suivant les moments de la journée et en fonction des circonstances.

Nous vivons au quotidien dans un état d'éveil qui nous est propre et que nous pourrions qualifier d'« état d'éveil moyen ou permanent ». Grâce à la relaxation, nous pouvons élever ce seuil « moyen » de manière à vivre plus intensément notre vie sans fatigue supplémentaire.
L'expression « il y a des gens qui dorment toute leur vie » témoigne d'un « éveil moyen » peu développé, dont le seuil est situé très bas, et donne le sentiment que ces gens-là passent à côté de la vie, sans en percevoir toute la richesse. Pourtant, qu'y a-t-il de plus précieux que la vie qu'on reçoit, que la vie qu'on donne, que la vie qu'on sauve et que la vie qu'on vit? L'éveil est-il autre chose qu'une forme de l'énergie vitale? D'où l'importance de cette seconde phase de la relaxation qui nous permet de modifier en l'intensifiant notre état d'éveil quotidien. On n'y parvient toutefois que par un passage obligé par la première phase de « remise à zéro des tensions », puis par une attention tout entière portée sur les sensations corporelles, une respiration libre, et en laissant l'énergie environnante nous pénétrer. Seul un entraînement régulier peut nous conduire à expérimenter cette phase importante.

Ainsi donc, et contrairement à l'image populaire traditionnelle, la relaxation, loin « d'avachir » ou de « ramollir », nous recharge d'énergie, nous dynamise, renforce notre organisme contre la maladie. Si les enfants éprouvent parfois des difficultés à expliciter ces sensations de réénergisation, d'intensification de l'éveil, ils les discernent tout à fait à travers des expressions telles que : « je me sens en pleine forme »; « je vois tout, autour de moi, plus clair; c'est plus lumineux »; « je me sens tout léger »; « j'ai très envie de bouger, de courir, de sauter... », etc.
Ce qui nous paraît important pour les enfants, c'est qu'ils puissent entrevoir tout ce que la relaxation peut leur apporter au niveau de leur bien-être et de leur mieux-être. Pour aller plus loin...

CONCLUSION

Travaillée régulièrement, la relaxation active s'avère être une excellente technique d'entretien de soi, comparable à d'autres techniques comme le Hata Yoga, l'anti-gymnastique, le « Do in », le shiatsu, etc.
Elle est source de bien-être et d'équilibre, donc facteur de santé. Un grand nombre de personnes ont, par la pratique quasi quotidienne de la relaxation active, sensiblement diminué leurs recours à la chimiothérapie et abandonné somnifères et tranquillisants. L'entretien de soi se révèle primordial. Or, paradoxalement, la plupart de nos contemporains consacrent beaucoup plus de temps à l'entretien de leur maison et de leur voiture qu'à l'entretien de leur propre corps, qu'ils « n'habitent plus vraiment ».
Comme vous pourrez aussi le constater, la relaxation active permet de se défatiguer rapidement, de se « recharger », mais surtout elle ranime et ravive tout notre *système sensitif* tellement mis à mal par notre civilisation qui privilégie scandaleusement l'intellect et nie fréquemment le corps, lieu de sensations et de plaisir. Ainsi, cette jeune femme, qui après quelques séances de relaxation active, s'exclame :
« Je commence à sentir que j'ai un corps; jusque-là, j'avais l'impression qu'en dessous du cou, il n'existait pas! »
Quant aux enfants, leur épanouissement ne peut se réaliser uniquement à travers l'éducation de leur intelligence et l'accumulation de connaissances, conditions que nous pensons nécessaires mais non suffisantes. Leur épanouissement passe aussi par la prise de conscience de leur corps, lieu privilégié de sensations et de plaisir,

et objet de relations avec les autres. La pratique de la relaxation active à l'école favorise, sans conteste, l'épanouissement individuel de l'enfant, mais également l'épanouissement collectif du groupe-classe. Ceux et celles qui oseront tenter la belle aventure de la relaxation active avec leurs élèves n'ont pas fini de s'étonner des résultats positifs qu'ils obtiendront, tant au niveau du développement de la personnalité des enfants qu'au niveau de leur travail scolaire.

Souhaitons que les responsables de la formation des enseignants et les enseignants eux-mêmes comprennent que transmettre des connaissances à des élèves, avant que ceux-ci aient acquis une certaine qualité d'attention et d'écoute, c'est « mettre la charrue devant les bœufs ». L'accès aux activités intellectuelles exige une disponibilité d'esprit que la relaxation active, pratiquée quotidiennement, permet d'atteindre aisément. Ainsi, d'une façon indirecte, avec des moyens simples n'exigeant aucun investissement financier important, la pratique de la relaxation active contribue efficacement au recul de l'échec scolaire.

Enfin, il faut savoir que la relaxation active peut se prolonger par ce que Maurice Martenot a appelé « la kinésophie » (la sagesse par le mouvement). Enseignée par des personnes qualifiées, la kinésophie permet, à ceux qui le désirent, un approfondissement et un enrichissement de la relaxation active, dont elle constitue la première étape.

BIBLIOGRAPHIE

BERGE Y., *Vivre son corps,* Le Seuil.

BERGES J., BOUNES M., *La relaxation thérapeutique chez l'enfant,* Masson, 1974.

BERTHERAT Th., *Le corps a ses raisons,* Le Seuil, 1976.

BUCHER H., *Approche de la personnalité de l'enfant par l'examen psychomoteur,* Masson, 1973.

CALAIS-GERMAIN B., *Anatomie pour le mouvement,* 1988.

Dr DAVROU Y., *La sophrothérapie,* Retz, 1981.

DEDET S., *Relaxation psychosensorielle dans la psychothérapie Vittoz,* Épi.

DURAND de BOUSINGEN R., *La relaxation,* Que sais-je? n° 929, PUF, 1980.

DURCKHEIM Graf Karlfried von, *Hara centre vital de l'homme,* Le Vieux Colombier, 1964.

FROMM E., *L'art d'aimer,* Épi, 1972.

Dr LEMAIRE J.-G., *La relaxation,* Petite Bibliothèque Payot, 1964.

LIPECKI R., *La relaxation,* Hachette, 1980.

MARTENOT M., SAÏTO Ch., *Se relaxer : Pourquoi? Comment?,* Albin Michel, 1977.

PIÉDOUE M., *Aïkido ou la peur vaincue,* L'Originel, 1984.

RUCHPAUL E., PHILIPE A., *La demeure du silence,* Gallimard, 1975.

SCHULTZ J.H., *Le training autogène,* PUF, 1972.

TRUCHOT C., *Trouver le bien-être : Do-in – Shiatsu,* Le Courrier du livre, 1980.

VITTOZ R., *Traitement des psychonévroses,* J.-B. Baillière, Paris, 1981.

WEIL P., TOMPAKOW R., *Votre corps parle,* Marabout-Service n° 263, 1975.

Pour toute animation pédagogique sur la relaxation active à l'école, vous pouvez écrire à S. Boski, I.U.F.M., 45 Avenue des États-Unis 78000 Versailles.

Cet ouvrage a été composé
et achevé d'imprimer
en septembre 1993
par l'Imprimerie Floch à Mayenne.
Dépôt légal : janvier 1990.
N° d'imprimeur : 34715.
N° d'éditeur : 501.